Vincenc Gotthardt | Gabriele Russwurm-Bíro

Sacra Carinthia

Pfarrkirchen der Diözese Gurk in Strich und Punkt
Farne cerkve krške škofije v črti in črki

Vincenc Gotthardt (Zeichnungen/risbe), Gabriele Russwurm-Bíro (Texte/besedila):
Sacra Carinthia. Die Pfarrkirchen der Diözese Gurk in Strich und Punkt/Farne cerkve krške škofije v črti in črki

Redaktion/Urednik: Adrian Kert
Lektorat: Horst Russwurm (deutsch), Stanislav M. Maršič (slovensko)
Gestaltung/Oblikovanje: ilab crossmedia

© 1. Auflage/izdaja, 2014

Hermagoras Verlag, Klagenfurt-Laibach-Wien / Mohorjeva založba, Celovec-Ljubljana-Dunaj

Gesamtherstellung: Hermagoras Verein Klagenfurt, 2014
Izdala, založila in tiskala Mohorjeva družba v Celovcu, 2014

ISBN 978-3-7086-0795-5

Gedruckt mit freundlicher Unterstützung der gemeinnützigen Privatstiftung des St. Josef-Vereins und des Landes Kärnten.

Vincenc Gotthardt | Gabriele Russwurm-Bíro

Sacra Carinthia

Pfarrkirchen der Diözese Gurk in Strich und Punkt
Farne cerkve krške škofije v črti in črki

Mohorjeva
Hermagoras

Für Euch,
die Ihr Tag für Tag auf die
1000 Kirchen in Kärnten achtet

Za vas,
ki skrbite za
1000 cerkva na Koroškem

ΑΩ

Dr. Alois Schwarz
BISCHOF DER
DIÖZESE GURK

Liebe Leserinnen und Leser!

Anlässlich seiner Apostolischen Reise nach Österreich zur 850 Jahresfeier des Wallfahrtsortes Mariazell hat Papst Benedikt XVI. am 07. September 2007 in der Wiener Hofburg am Schluss seiner Ansprache zur Begegnung mit führenden Vertretern des politischen und öffentlichen Lebens sowie des Diplomatischen Korps das folgende denkwürdige Wort gesprochen und auch uns hinterlassen:
„Vieles von dem, was Österreich ist und besitzt, verdankt es dem christlichen Glauben und seiner reichen Wirkung in den Menschen. Der Glaube hat den Charakter dieses Landes und seine Menschen tief geprägt. Es muss daher ein Anliegen aller sein, nicht zuzulassen, dass eines Tages womöglich nur noch die Steine hierzulande vom Christentum reden würden. Ein Österreich ohne lebendigen christlichen Glauben wäre nicht mehr Österreich"

Zu diesen „steinernen" Zeugen der grundlegend christlichen Glaubens- und Lebenskultur gehören, weithin im Land sichtbar, auch die 336 Pfarrkirchen der Diözese Gurk in Klagenfurt. Sie laden uns ein tagaus und tagein das ganze Jahr hindurch zum persönlichen Gebet und zur Feier der heiligen Liturgie in vielfältiger Form. Sie geben uns Christinnen und Christen sowie allen Menschen guten Willens „Zeit und Raum", also nicht nur Raum, für einen „lebendigen christlichen Glauben", der Österreich in besonderer Weise charakterisiert.

Die Zeichnungen des Nedelja-Redakteurs Vincenc Gotthardt zu den 336 Pfarrkirchen wollen uns hinführen zu diesen Orten der göttlichen Kraft und des Geistes. Wir sind dankbar für dieses beharrliche und ansprechende Dokumentationsprojekt, das möglicherweise auch in Zukunft noch ergänzt werden sollte in Form weiterer Bücher, in denen auch

- die 650 Filialkirchen und Kapellen, die teilweise sogar prächtiger gebaut und ausgestattet wurden als manche Pfarrkirche, in gleicher Weise vorgestellt und
- Ein-Blicke ins Innere der Kärntner Kirchen geboten werden, z. B. mit den beeindruckenden Aquarellen, wie sie die in Kärnten lebende Malerin Margarethe Stolz-Hoke seit Jahren malt und sammelt.
- Wünschenswert ist auch eine über die isolierte Zeichnung der Kirchen hinausgehende Berücksichtung des sakral-kirchlichen Gesamtensembles, wie es sich oft in der Einheit von Pfarrkirche, Pfarrfriedhof (mit Karner) und Pfarrhof findet und eine umfassende Gestalt und Gestaltung christlicher Lebens- und Glaubenskultur bietet.

So könnten wir der Erfahrung folgen, dass gute Bücher wiederum zu Ideen für weitere gute Bücher inspirieren. Dankbar sind wir auch besonders für die sakral-kunstgeschichtlichen sowie denkmalkundlichen Informationen, die Frau Mag.ª Gabriele Russwurm-Bíro jeweils zu den einzelnen Pfarrkirchen verfasst hat. Damit ist so etwas wie ein „Kleiner Dehio" entstanden.

Bei der Gelegenheit wollen wir Frau Russwurm-Bíro auch danken für ihre wertvolle Arbeit, die sie als ehemalige Mitarbeiterin des Landeskonservators und des Landesmuseums Kärnten für die aktuellste, 3. erweiterte und verbesserte Ausgabe des großen „Dehio Kärnten" auch für die Kirchen und religiösen Denkmäler geleistet hat.

Allen, die zum Gelingen dieses Buches beigetragen haben, danke ich und wünsche den Leserinnen und Lesern sowie den Betrachterinnen der einladenden Zeichnungen auch die nötige Muße und Zeit, die dargestellten Kirchen persönlich aufzusuchen. So könnte dieses Buch seine motivierende Kraft entfalten und zu einer bewegenden geistlichen Erfahrung werden.

+ Alois Schwarz

Dr. Alois Schwarz
Diözesanbischof

S skrbjo opažam, da slovenščina kot taka prej ko slej nazaduje. Vedno manj je otrok, ki jim je slovenščina dejansko še materinščina. S tem pa se veča nevarnost, da iz naših krajev izginja ta kultura, ki je del avstrijske in koroške zgodovine in kulture. Odločilno je, da imata ta jezik in kultura življenjski prostor, kjer lahko živita v vseh svojih odtenkih. Cerkev je tista ustanova, tista skupina, kjer se slovenščina govori, praznuje in moli v javnem prostoru. Ob vsem pomenu slovenskih kulturnih društev mora prek tega obstajati prostor, kjer je slovenščina prisotna v javnosti. Cerkev se mora zavzemati za to, da se slovenščina ohrani kot materinščina in da ne postane le priučen jezik.

V prihodnje bo potrebno še povečati prizadevanja, da se ohrani to, kar je povezano s slovenščino kot materinščino in posebno obliko tradicije in pobožnosti na dvojezičnem ozemlju. Pomembno je, da ljudi spodbujamo, da pri verskih ritualih znotraj družine uporabljajo slovenščino, tako da ima to, kar se dogaja na farni ravni, svoje korenine v verski in jezikovni resničnosti v družinah.

Škof Alois Schwarz v tedniku NEDELJA, štev. 48, 25. novembra 2012

Mag. Gorazd Živkovič
Landeskonservator
für Kärnten

Zum Geleit

Kirchenbauten sind Zeugnisse jahrhundertealten Erbes, auf das wir zurückblicken können. Abseits der Hektik, der sich immer schneller drehenden Spirale der Zeit, bieten uns Kirchen die Möglichkeit, das Tempo zu reduzieren und innezuhalten. Pflege, Instandsetzung und Revitalisierung sind notwendig, um nicht in absehbarer Zeit nur noch einen oft romantischen, in seiner Bedeutung weiterhin unbestrittenen, aber reduzierten Denkmalbestand vorzufinden. Hinter all diesen Aktivitäten steckt auch eine kunst- und kulturhistorische Orientierung, die wir uns immer wieder aufs Neue bewusst machen müssen. Nach der Völkerwanderung und mit Beginn der Missionstätigkeit etablierte sich auch in Kärnten der Ausbau eines anfangs noch recht spärlichen Kirchennetzes. Der einfache Saalbau mit eingezogenem Chor setzt die Anfänge karolingischer und ottonischer Architektur fort und ist heute noch immer weit verbreitet. Bis etwa zur Mitte des 12. Jahrhunderts waren Kirchen in den Ortsverband sowohl hinsichtlich ihres Materials – im Regelfall Holz – als auch hinsichtlich ihrer Kubatur gut integriert. Wenn sie sich aus dem Bauverband abhoben, war dafür oft nur die erhöhte Lage ihres Bauplatzes maßgeblich. Mit der Zeit wurden die einfachen Holzbauten durch Steinbauten ersetzt. Die ehemaligen Seelsorgemittelpunkte (Ur-/Mutterpfarren) wandelten sich zu dem, was wir heute unter „Pfarren" verstehen. Das Pfarrnetz wurde ausgebaut und die Pfarrkirchen erhielten als Zeichen ihrer herausragenden Stellung einen Turm. Dieses in der Kärntner Kulturlandschaft herausragende Baumerkmal übertrug sich im Laufe des Hoch- und Spätmittelalters auch auf viele Filialkirchen. Der über sämtliche Stilepochen bis zur sakralen Gegenwartsarchitektur beibehaltene Turm als Glockenträger ist heute nicht mehr wegzudenken. Und so überrascht es nicht, dass, abgesehen vom Zeitgeschmack und der Ausbildung vieler neuer Baudetails, allen in diesem Buch dargestellten Pfarrkirchen eines gleich ist: die Präsenz von mindestens einem Turm!

Und da wir als komplexe Wesen die Welt mit vielen Sinnen wahrnehmen war es dem Herausgeber dieses Buches wichtig, einige davon anzusprechen. Während Vincenc Gotthardt die zu präsentierenden Bauten zeichnerisch aufgenommen hat, war es die Aufgabe von Gabriele Russwurm-Bíro den kunst- und architekturhistorischen Aspekt aufzuarbeiten. Beiden sei gedankt, dass sie so sichergestellt haben, dass beim Lesen und Durchblättern dieses Buches weder das Auge noch der Geist ermatten.

„Hodil po zemlji sem naši ..."

Je gradnja cerkva estetska rešitev za gradbenotehnični problem ali simbol za k Bogu usmerjeno družbo? Oboje je možen pristop h kulturni mojstrovini. Kdor upošteva samo eno stran, problem ocenjuje enodimenzionalno. Zato regionalna kultura ni avtonomna kultura, saj je pod zunanjim vplivom in oddaja impulze in spodbuja razvoje navzven. Regionalna kultura pa vsekakor raste iz skupnih idej, skupne spiritualnosti in skupne želje! Prav tako se je vedno izkazala s specifičnimi kulturnimi dosežki in privedla do tvorbe posameznih regij. In podobno kakor današnje svetovno spletno omrežje je bila širitev vsebin vedno tudi širitev kulturne identitete. Tako so cerkve in njeni že od daleč vidni zunanji simboli – torej zvoniki – izraz ne samo splošne in deželo prevzemajoče vernosti, temveč tudi izraz umetnosti in kulture.

S to knjigo je povezana tudi želja, da si izostrimo pogled na našo kulturno pokrajino in postanemo bolj tankočutni za nenehne spremembe. Kajti razen omenjene konstante se je dežela v teku zadnjih sedemdeset let tako močno spremenila kakor že vrsto rodov poprej ne. In če iščemo kakovostne rešitve, jih najdemo zelo redko v sodobni arhitekturi. Naj omenim le gospodarska in trgovska središča zunaj naselij, kot na primer ob vznožju Gospe Svete. V osrčju starih naselij pa se izgublja vse bolj to, kar bi lahko opisali kot dušo kraja. Neprimerno obnavljanje z manjkajočim razumevanjem za stare hiše je privedlo do tope arhitekture, med katero se vse manj dobro počutimo. Zato bi rekel, da nam je potnik Vincenc Gotthardt upodobil, podobno kot pred skoraj 330 leti Janez Vajkard Valvasor, tisto, kar je najžlahtnejše „v čast, hvalo in spomin", umetnostna zgodovinarka Gabriele Russwurm-Bíro pa je upodobljene cerkve opisala po njihovih najpomembnejših značilnostih.

Gorazd Živkovič
Landeskonservator für Kärnten
Deželni konservator za Koroško

Vincenc Gotthardt
Redakteur | Urednik
Nedelja

Monumente des Glaubens und Schatzkammern der Kunst

Auch wenn der Nebel wie ein Schleier über Kärnten liegt, gibt es unübersehbare Orientierungspunkte. Einer von über 1000 Kirchtürmen ragt bestimmt heraus und es klingt so vieles nach: der Klang der Glocken, das geliebte Bild, der abgebrochene Finger auf der kleinen, fast unsichtbaren Statue in der Ecke auf dem Altar, der Duft sakraler Räume aus erkaltetem Weihrauch, ausgeblasenen Kerzen und der erdige Geruch unter den jahrhundertealten Steintafeln am Boden. Die Symmetrie der Architektur, manchmal nur fragmentarische Worte in Latein, Deutsch und auch Slowenisch an ausgewählten Orten, Initialen in Kirchenbänke geritzt, Unterschriften hinter dem Altar, Votivbilder als Dankeschön für wunderhafte Erhörungen, die Melodien zu Weihnachten und Ostern – all das sind Codes, die Erinnerungen wachrufen und neue erschaffen. Die durchbeteten Kirchen sind lokale Museen, die den Bewohnern Kärntens auch wegen des Glaubens heilig sind, und vor allem heilig, weil hier die Erinnerung von Generationen am dichtesten ist. Es sind aber auch Orte, an denen man begreifen kann, was in der Vergangenheit alles verloren gegangen ist, aber auch wie Altes mit Modernem verknüpft wurde. Die Bilder von der Taufe bis zum Tod sind ein unauslöschlicher Teil der Erinnerung, sie sind ein sakraler »Code«, überall und jederzeit abrufbar. Kirchen sind Räume, für die man keinen Schlüssel braucht, um sie zu öffnen, die Erinnerung macht es überall möglich: Das sind Augenblicke des Erinnerns. Die Kirchen geben dem Leben Erinnerung und sie erschaffen neue. Sie schaffen es, die Zeit für Momente anzuhalten, seien sie irgendwo in der Abgeschiedenheit gebaut oder mitten in den Städten. Kirchen sind aber auch Orte edelster Handwerkskunst. Das alte Holz in den Kirchen zeugt von fast verloren gegangenem Wissen darüber, wann man das Holz für welchen Zweck schlagen muss, und welchen Putz man verwenden muss, damit man die Kirche nicht erstickt. Ja, viel altes Wissen ist in den Kirchen gespeichert und es sind vor allem die kleinen Dinge, die sehr wertvoll sind.

Ich habe in meinem Berufsleben als Redakteur der slowenischen Kirchenzeitung der Diözese Gurk »Nedelja« auch viel Zeit in und mit Kirchen verbracht. Ich habe als Reporter am Balkan einige zerstörte Kirchen gesehen. Da gab es noch Hoffnung auf deren Wiederaufbau. Ich habe aber auch Kirchen nur mehr auf Fotografien gesehen, die schon im Zweiten Weltkrieg dem Erdboden gleichgemacht wurden. Und da wird einem schon sehr bewusst, wie auf einmal an einem Ort Dreifaches verschwindet: ein Denkmal der Architektur, eine Schatzkammer der Kunst und ein Monument des Glaubens. Als ich mich entschied, die Pfarrkirchen der Diözese Gurk zu zeichnen, wusste ich zwei Dinge nicht: welche Juwele die Kirchen in verschiedenen Pfarren auf unterschiedlichster Seehöhe in den entlegensten Winkeln verbergen und dass mich diese Arbeit mehr als drei Jahre begleiten würde. Ich begann das ganze Unterfangen sehr naiv, als ich dem Chefredakteur der Internetseite der Diözese Gurk, Karl-Heinz Kronawetter, und dem Gestalter der Internetseite, Hanzi Tomažič, zusagte, jede Pfarrkirche zu zeichnen. Ich wusste damals noch nicht, dass es eine langwierige und konsequente Arbeit werden würde. Heute bin ich beiden sehr dankbar, denn ich habe bei meinen

Fahrten in die Pfarren unser Land neu entdeckt und erfahren dürfen, wie heilig den Menschen ihre Kirchen sind. Ich habe die besten Alarmanlagen der Welt kennengelernt. Kaum war ich in einer entlegeneren Pfarre zweimal um die Kirche gegangen, schon war jemand da, der mich zwar freundlich, doch bestimmt danach fragte, was mich zur Kirche geführt habe. Gerade in solchen Augenblicken bekommt man große Hochachtung vor all jenen, die sich Tag für Tag, meistens unerkannt, schon jahrzehntelang um ihre Pfarrkirche kümmern.

Dieses Buch hat einen lateinischen Titel – »Sacra Carinthia« – und will daran erinnern, dass die Sprache der Kirche auch in unseren Pfarrkirchen ihre Spuren hinterlassen hat. In diesem Buch hat auch die zweite Landessprache, das Slowenische, ihren Platz, doch das Buch ist weit davon entfernt, ein zweisprachiges Buch zu sein. Nur die Pfarrkirchen in den zweisprachigen Dekanaten sind zweisprachig beschrieben und auch benannt. Das Slowenische in diesem Buch ist ein Spiegel der Normalität der seit Jahrzehnten gelebten Zweisprachigkeit in der Diözese Gurk.
In diesem Buch finden sie 336 von mir nachgezeichnete Kärntner Pfarrkirchen mit Begleittexten über deren Besonderheiten, geschrieben von der Kunsthistorikerin Gabriele Russwurm-Bíro.

Cerkev – z malo in veliko začetnico

Malo cerkva je še ostalo, v katerih mežnarice in mežnarji zvonijo na roko. Za vse, ki to še delajo večkrat na dan, so cerkve ostale središče življenja. Njihova največja skrb je točnost. Ljudje se radi zanesejo na zven zvonov, ki jim povedo, da je zdaj ura dvanajst in da je treba odložiti delo. Nekateri zmolijo ob zvonjenju še Angelovo češčenje. Tudi to je nekaj fragmentov slike, ki jo nekateri prikličejo iz spomina, kadar pomislijo na svojo cerkev, s katero so povezani spomini več generacij posamezne družine. Tu so krstili otroke, imeli prva obhajila, birme, poroke in od tod so spremljali in še vedno spremljajo svoje prednike na zadnji poti.

»Trikrat je treba premolkniti,« mi je rekel ded, ko sva »ven zvonila« enemu naših vaščanov. Rekel je tudi, da je pomembno, kdaj začneš zvon ustavljati. Ko je zvon umolknil, mi je po nekaj trenutkih na tiho dal znamenje, da je treba z zvonjenjem nadaljevati. Posebej pomemben je bil molk v stolpu s tremi vrvmi do zvonov v njegovem vrhu. Ta prizor v cerkvenem stolpu z majhnim oknom se mi je močno vtisnil v spomin. Postajal je vedno močnejši in dragocenejši, ker je neponovljiv in je naslikan le v mislih. Je del kode, večnega spomina, ki za mnoge dela cerkve nepozabne: to je vonj cerkve, so melodije pesmi, je jezik in je tudi spomin nanj za tiste, ki ga pogrešajo. Postanek v farni cerkvi, v podružnici ali v kaki cerkvi kjerkoli po svetu odpira globlja vprašanja o sreči in nesreči, ki se jim nikakor ne da ubežati. Prav v cerkvi je mogoče premišljevati tudi o mejah in o brezmejnosti. V teh prostorih tišine se čas za nekaj trenutkov upočasni. To je čas odkrivanja velike in male začetnice besede CERKEV. Z veliko začetnico pišemo v slovenskem jeziku Cerkev kot ustanovo, z malo pa cerkev kot stavbo. Te stavbe sem narisal, celotno sliko pa poznate samo vi.

Vincenc Gotthardt

DEKANAT | DEKANIJA

Bleiburg · Pliberk

Bleiburg | Pliberk • Edling | Kazaze • Neuhaus | Suha • Rinkenberg | Vogrče • Schwabegg | Žvabek • St. Michael ob Bleiburg | Šmihel nad Pliberkom

Bleiburg | Pliberk

ANBETUNG | VEDNO ČEŠČENJE
1. März | marec, 2. Mai | maj, 7. Juli | julij

PATROZINIUM | PATROCINIJ
Hll. Peter und Paul | sv. Peter in Pavel

FILIALKIRCHEN | PODRUŽNIČNE CERKVE
St. Georgen | Šentjur
Oberloibach | Zgornje Libuče Hl. Bartholomäus | sv. Jernej Einersdorf | Nonča vas Maria Himmelfahrt | Marijino vnebovzetje Unterloibach | Spodnje Libuče Hl. Andreas | sv. Andrej
Heiligengrab | Božji grob – Humec
St. Margarethen am Kömmel | Šmarjeta
Hl. Margaretha | sv. Marjeta
Aich | Dob Hl. Sebastian | sv. Boštjan

Die große spätgotische Kirche besteht aus Haupt- und Seitenschiff und einem Lang- und Nebenchor. Die Anlage wurde im 15. und 16. Jahrhundert erbaut. Urkundlich 1241 genannt. Der mächtige Südturm trägt eine Zwiebelhaube. Die Westfassade wurde neugotisch verändert. Im Inneren sind spätgotische Sternrippengewölbe über Runddiensten. Im Chor ist ein Netzrippengewölbe von 1512, im Nebenchor ebenfalls Netzrippen.

Veliko poznogotsko cerkev sestavljajo glavna in stranska ladja ter podolgovati in stranski kor. Stavba je bila zgrajena v 15. in 16. stoletju. V listini omenjena l. 1241. Nad mogočnim južnim stolpom je čebulasta kupola. Zahodno fasado so spremenili v novogotskem slogu. V notranjosti so poznogotski zvezdastorebrasti oboki nad okroglimi služniki. V koru je mrežastorebrasti obok iz l. 1512, v stranskem koru so prav tako mrežasta rebra.

Edling | Kazaze

ANBETUNG | VEDNO ČEŠČENJE
12. August | avgust

PATROZINIUM | PATROCINIJ
Hl. Vitus | sv. Vid

FILIALKIRCHEN | PODRUŽNIČNI CERKVI
Humtschach | Humče
Hl. Ulrich | sv. Urh

Mittlern | Metlova
Hl. Thomas | sv. Tomaž

Die ehemalige mittelalterliche barockisierte Kirche ist im Kern romanisch und wurde 1964/65 vergrößert. Urkundlich 1599 genannt, als Pfarre seit 1869. Der massige Südturm ist in der Substanz romanisch, trägt einen Spitzhelm und prägt den Außenbau. Im erneuerten Inneren befindet sich eine flache bemalte Holzdecke von 1693. Im Polygonalchor ist ein Stichkappengewölbe aus dem 19. Jahrhundert.

Nekdanja srednjeveška barokizirana cerkev je v jedru romanska in je bila l. 1964/65 povečana. V listini omenjena l. 1599, kot farna cerkev od l. 1869. Masivni južni stolp je prvotno romanski, pokriva ga koničasti šlem, ki zaznamuje zunanji videz. V obnovljeni notranjosti vidimo ploščat poslikan lesen strop.

Neuhaus | Suha

ANBETUNG | VEDNO ČEŠČENJE
7. März | marec

PATROZINIUM | PATROCINIJ
Hl. Jakobus der Ältere | sv. Jakob st.

FILIALKIRCHEN | PODRUŽNIČNA CERKEV
Bach | Potoče
Hll. Bartholomäus und Oswald | sv. Jernej in sv. Ožbalt

KAPELLEN | KAPELI
Motschula | Močula
Christophoruskapelle | Krištofova kapela

Neuhaus | Suha
Schlosskapelle | grajska kapela

Die markante gotische Kirche ist vom Friedhof umgeben und stammt aus der 2. Hälfte des 14. Jahrhunderts. Urkundlich 1408 bereits als Pfarre genannt. Der mächtige Nordturm trägt einen Spitzhelm. Das quadratische Langhaus verfügt über ein spätgotisches Sternrippengewölbe aus der 1. Hälfte des 16. Jahrhunderts („1530"). Die gotischen Wandmalereien sind von 1400, die Glasmalereien sind vom Anfang des 15. Jahrhunderts.

Markantno gotsko cerkev iz 2. polovice 14. stoletja obdaja pokopališče. V listini že l. 1408 omenjena kot farna cerkev. Mogočen severni stolp nosi koničasti šlem. Kvadratna vzdolžna ladja ima poznogotski zvezdastorebrasti obok iz 1. polovice 16. stoletja („1530"). Gotske stenske poslikave so iz l. 1400, poslikave šip iz začetka 15. stoletja.

Rinkenberg | Vogrče

ANBETUNG | VEDNO ČEŠČENJE
7. März | marec

PATROZINIUM | PATROCINIJ
Hl. Florian | sv. Florijan

Die gotische Anlage stammt aus dem 14. und 15. Jahrhundert und ist von einer Mauer umgeben. Urkundlich 1251 genannt. 1475 von den Türken niedergebrannt, danach erneuert. Eine breite barocke Vorhalle ist westlich vorgebaut. Langhaus und Chor mit Strebepfeilern. Die Sternrippengewölbe sind um 1520 entstanden, das Chorgewölbe im 14. Jahrhundert. Wandmalerei vom Meister von Einersdorf aus dem 15. Jahrhundert.

Gotska zgradba izvira iz 14. in 15. stoletja in jo obdaja obzidje. V listini omenjena l. 1251. Leta 1475 so jo Turki požgali, nato so jo obnovili. Na zahodni strani je prizidana baročna lopa. Vzdolžno ladjo in kor nosijo oporniki. Zvezdastorebraste oboke so zgradili okrog l. 1520, korni obok v 14. stoletju. Stenska poslikava je iz 15. stoletja od Mojstra iz Nonče vasi.

Schwabegg | Žvabek

ANBETUNG | VEDNO ČEŠČENJE
12. Juni | junij

PATROZINIUM | PATROCINIJ
Hl. Stephan | sv. Štefan

FILIALKIRCHEN | PODRUŽNIČNE CERKVE
Heiligenstadt | Sveto mesto
Maria Himmelfahrt | Marijino vnebovzetje
Oberdorf | Gornja vas
Hl. Georg | sv. Jurij
St. Luzia bei Aich | sv. Lucija pri Dobu

Die Kirche wurde an der Stelle eines Vorgängerbaus in neoromanischen Formen 1860 errichtet. Die Saalkirche mit Polygonalchor erhebt sich über kreuzförmigem Grundriss und hat einen mächtigen vorgestellten Westturm mit Spitzgiebelhelm. Im Inneren werden die Kreuzgratgewölbe des Langhauses durch Gurtbögen und Wandpilaster gegliedert. Das östliche Joch ist durch querschiffartige Nischen erweitert.

Cerkev so v neoromanski obliki zgradili l. 1860 na mestu predhodne stavbe. Dvoranska cerkev s poligonalnim korom se dviguje nad tlorisom v obliki križa in ima mogočen stolp s končastim čelnim šlemom na zahodni strani. Grebenasto križne oboke v notranjosti razčlenjujejo oprožni loki in stenski pilastri. Vzhodno travejo razširjajo vdolbine v obliki prečne ladje.

St. Michael ob Bleiburg | Šmihel nad Pliberkom

ANBETUNG | VEDNO ČEŠČENJE
28. September | september

PATROZINIUM | PATROCINIJ
Hl. Michael | sv. Mihael

FILIALKIRCHEN | PODRUŽNIČNE CERKVE
Hof | Dvor
Hl. Nikolaus | sv. Miklavž

Rinkolach | Rinkole Hl. Oswald | sv. Ožbalt

St. Katharina am Kogl | sv. Katarina

Wackendorf | Večna vas
Hll. Martin und Ulrich | sv. Martin in Urh

Die Anlage besteht aus einem 1974/75 neu erbauten modernen Langhaus und einem spätgotischen Chor des 15. Jahrhunderts aus dem Bestand der ursprünglichen gotischen Kirche. Urkundlich bereits 1106 genannt. Der Westturm ist im Kern gotisch mit kreuzgratgewölbter Halle. Das Glockengeschoss und der Helm sind aus dem 19. Jahrhundert. Im Polygonalchor befinden sich Sternrippengewölbe und zweibahnige Maßwerkfenster.

Zgradbo sestavljata sodobna vzdolžna ladja iz l. 1974/75 in poznogotski kor iz 15. stoletja kot preostanek izvorne gotske cerkve. V listini omenjena že l. 1106. Stolp na zahodni strani je v jedru gotski z grebenasto križno obokano dvorano. V poligonalnem koru vidimo zvezdasto rebraste oboke in dvopasovna okna s krogovičjem.

DEKANAT | DEKANIJA

Eberndorf
Dobrla vas

Abtei | Apače • Eberndorf | Dobrla vas • Ebriach | Obirsko • Eisenkappel | Železna Kapla • Gallizien | Galicija • Globasnitz | Globasnica • Kühnsdorf | Sinča vas • Möchling | Mohliče • Rechberg | Rebrca • Sittersdorf | Žitara vas • St. Kanzian | Škocjan • St. Philippen ob Sonegg | Št. Lipš • St. Stefan unter Feuersberg | Šteben • St. Veit im Jauntal | Št. Vid v Podjuni • Stein im Jauntal | Kamen v Podjuni

Abtei | Apače

ANBETUNG | VEDNO ČEŠČENJE
13. April | april

PATROZINIUM | PATROCINIJ
Hl. Leonhard | sv. Lenart

Die spätgotische Kirche mit einer breiten flachen Rundapside und einem massigen Fassadenturm wird von einer Mauer umgeben. Überlieferte Daten aus dem 16. Jahrhundert (1521/38) und ein Weihedatum 1561 weisen auf eine Entstehungszeit im 16. Jahrhundert hin. Der westliche Vorhallenbau und der Turm mit Spitzgiebelhelm stammen von 1859. Im Inneren befinden sich spätgotische Sternrippengewölbe auf Wandvorlagen.

Poznogotsko cerkev s široko ploščato okroglo apsido in masivnim fasadnim stolpom obdaja obzidje. Izpričani podatki iz 16. stoleta (1521/38) in datum posvetitve 1561 opozarjajo na čas zidave v 16. stoletju. Lopa na zahodni strani in stolp s šlemom v obliki koničastega čela izvirata iz l. 1859. V notranjosti vidimo poznogotske zvezdastorebraste oboke nad stenskimi oporniki.

Eberndorf | Dobrla vas

ANBETUNG | VEDNO ČEŠČENJE
29. Juli | julij

PATROZINIUM | PATROCINIJ
Mariä Himmelfahrt | Marijino vnebovzetje

FILIALKIRCHEN | PODRUŽNIČNE CERKVE
Buchbrunn | Bukovje Hll. Peter und Paul | sv. Peter in Pavel **Gablern | Lovanke** Hll. Johannes und Paul | sv. Janez in Pavel **Gösseldorf | Goselna vas** Hll. Anton und Lambert | sv. Anton in Lambert **Heiligengeist am Berge | Sv. Duh Köcking | Kokje** Hll. Hermagor und Fortunat | sv. Mohor in Fortunat **Loibegg | Belovče** Hl. Maria Magdalena | sv. Marija Magdalena **Maria am Berge | Marija na gori Pribelsdorf | Pribla vas** Hl. Nikolaus | sv. Nikolaj

Die beachtliche ehemalige Stiftskirche ist eine im Kern romanische Anlage, die ab 1378 in zwei Etappen durch einen gotischen Bau ersetzt wurde. Der erhöht gelegene eingezogene Chor und die Hallenkrypta stammen aus dem späten 14. Jahrhundert, das Langhaus wurde 1506 vollendet. Der freistehende hohe Turm ist aus dem 15. Jahrhundert und trägt ein Walmdach. Im Inneren befinden sich repräsentative Schlingrippengewölbe.

Imenitna nekdanja samostanska cerkev je v jedru romanskega tipa in je bila od l. 1378 v dveh etapah nadomeščena z gotsko zgradbo. Privzdignjeni kor in dvoranska kripta izvirata iz 14. stoletja, vzdolžno ladjo so dokončali l. 1506. Prosto stoječi stolp izvira iz 15. stoletja, pokriva ga čopasta streha. V notranjosti so reprezentativni zankastorebrasti oboki.

Ebriach | Obirsko

ANBETUNG | VEDNO ČEŠČENJE
23. Juni | junij

PATROZINIUM | PATROCINIJ
Hl. Johannes der Täufer | sv. Janez Krstnik

FILIALKIRCHEN | PODRUŽNIČNI CERKVI
St. Leonhard | Št. Lenart
Trögern | Korte
Heiliges Kreuz | cerkev sv. Križa

Die barockisierte gotische Kirche des 14. Jahrhunderts ist im Kern romanisch und wird von einer Mauer umgeben. Urkundlich 1367 genannt. Die Turmmauern sind romanisch, der Chor verfügt über Maßwerkfenster und Glasmalerei aus Mitte des 14. Jahrhunderts. Spätgotische Baudetails. Im Inneren ist eine flache Holzdecke, der Chor besitzt Netzrippen des 15. Jahrhunderts. Wandmalerei um 1400 (Meister von Einersdorf).

Barokizirana gotska cerkev iz 14. stoletja je v jedru romanska in je obdana z obzidjem. V listini omenjena l. 1367. Zidovje stolpa je romansko, na koru so okna s krogovičjem in poslikavami iz sredine 14. stoletja. S poznogotskimi gradbenimi prvinami. Znotraj je ploščat lesen strop, kor ima mrežasta rebra iz 15. stoletja. Stenske poslikave iz 14. stoletja (Mojster iz Nonče vasi).

Eisenkappel | Železna Kapla

ANBETUNG | VEDNO ČEŠČENJE
18. Juni | junij

PATROZINIUM | PATROCINIJ
Hl. Michael | sv. Mihael

FILIALKIRCHEN | PODRUŽNIČNI CERKVI
Maria Dorn | Marija v trnju Hl. Maria | sv. Marija
Remschenik | Remšenik
Hll. Margaretha und Leonhard | sv. Marjeta in sv. Lenart

KAPELLEN | KAPELE
Bad Vellach | Bela Hl. Dreifaltigkeit | Sveta Trojica
Hagenegg Schlosskapelle | grajska kapela na Hageneggu Hl. Josef | sv. Jožef **Lepen | Lepena** Schulkapelle | šolska kapela

Die Kirche besteht aus einem Hallenlanghaus, das nach der Zerstörung des Vorgängerbaus durch die Türken 1473 neu erbaut wurde. Daran anschließend befindet sich der schmale Chor aus dem 14. Jahrhundert. 1885 wurde der Gesamtbau maßgeblich restauriert. Der Turm in der Südwestecke ist in den Bau einbezogen und ist im Kern älter als die restlichen Bauteile. Im Inneren sind spätgotische Stern- und Netzrippengewölbe.

Cerkev sestavlja dvoranska vzdolžna ladja, ki je bila po turškem uničenju predhodne stavbe l. 1473 na novo zgrajena. Priključen ji je ozek kor iz 14. stoletja. Leta 1885 so celotno stavbo obsežno obnovili. Stolp v jugozahodnem kotu je vključen v zgradbo in je v jedru starejši kakor preostali gradbeni deli. Znotraj najdemo poznogotske zvezdasto in mrežastorebraste oboke.

Gallizien | Galicija

ANBETUNG | VEDNO ČEŠČENJE
15. September | september

PATROZINIUM | PATROCINIJ
Hl. Jakobus der Ältere | sv. Jakob starejši

KAPELLEN | KAPELI
St. Florian
Hl. Florian | sv. Florijan
Abriach | Obrije

Die ehemalige mittelalterliche Kirche verfügt seit 1945/46 über ein neues Saallanghaus. Vom Vorgängerbau bestehen der massige weithin sichtbare romanische Turm und der eingezogene gotische Chor. Urkundlich 1086 erwähnt, als Pfarre erst nach 1323 verzeichnet. Durch die Angriffe der Türken im 15. Jahrhundert wurde der Bau schwer beschädigt. Im Polygonalchor befinden sich Kreuzrippengewölbe des 14. Jahrhunderts.

Nekdanja srednjeveška cerkev ima od l. 1945/46 dvoransko vzdolžno ladjo. Od predhodne stavbe sta ostala daleč vidna romanski stolp in gotski kor. V listini omenjena l. 1086, kot farna cerkev vpisana šele po letu 1323. Turški napadi so cerkev močno poškodovali. V poligonalnem koru najdemo križnorebraste oboke iz 14. stoletja.

Globasnitz | Globasnica

ANBETUNG | VEDNO ČEŠČENJE
27. Feber | februar

PATROZINIUM | PATROCINIJ
Mariä Himmelfahrt | Marijino vnebovzetje

FILIALKIRCHEN | PODRUŽNIČNE CERKVE
St. Hemma | Sv. Hema
Hll. Hemma und Dorothea | sv. Hema in sv. Doroteja

Jaunstein | Podjuna
Hl. Johannes der Täufer | sv. Janez Krstnik

St. Simon an der Petzen | Sveti Šiman
Hl. Simon | sv. Simon

Die im Kern romanische Anlage verfügt über einen Chor um 1300, ein spätgotisch ausgebautes Langhaus, das 1946 nach Westen verlängert wurde, und einen romanischen Karner. Urkundlich 1265, als Pfarre seit 1296 genannt. Der Südturm ist in der Substanz romanisch und trägt einen Giebelspitzhelm. Im Inneren befindet sich ein Schlingrippengewölbe über Wandpfeilern mit Halbsäulen vom Anfang des 16. Jahrhunderts.

V jedru romanski kompleks ima kor iz časa okrog l. 1300, poznogotsko izgrajeno vzdolžno ladjo, ki so jo l. 1946 na zahodni strani podaljšali, in romansko kostnico. V listini omenjena l. 1265, kot farna cerkev pa l. 1296. Južni stolp je v substanci romanski s slemenskim koničastim stolpom. Znotraj vidimo zankastorebraste oboke nad pilastri s polovičnimi stebri iz začetka 16. stoletja.

Kühnsdorf | Sinča vas

ANBETUNG | VEDNO ČEŠČENJE
7. Juni | junij

PATROZINIUM | PATROCINIJ
Hl. Ägidius | sv. Egidij

FILIALKIRCHEN | PODRUŽNIČNI CERKVI
St. Marxen | Šmarkež
Hl. Markus | sv. Marko
Wasserhofen | Žirovnica
Hl. Maria Magdalena | sv. Marija Magdalena

Die kleine barockisierte Kirche geht vermutlich auf einen romanischen Vorgängerbau zurück und wurde 1948 umgebaut und verlängert. Urkundlich 1784 genannt. Der Polygonalchor ist in der Substanz gotisch, der hölzerne Dachreiter ist erneuert. Die Langhausmauern sind schlicht dekoriert und barockisiert, im Westen steht eine vorgebaute Laube. Im Inneren befindet sich eine Schablonenflachdecke aus Holz von 1976.

Majhna barokizirana cerkev je verjetno prvotno iz romanskega časa. Leta 1948 so jo prezidali in podaljšali. V listini omenjena l. 1784. Poligonalni kor je v substanci gotski, leseni stolpič je obnovljen. Zidovje vzdolžne ladje ima preprosto dekoracijo in je barokizirano, na zahodni strani je dograjena arkada. Znotraj vidimo lesen šablonski ravni strop iz l. 1976.

Möchling | Mohliče

ANBETUNG | VEDNO ČEŠČENJE
6. September | september

PATROZINIUM | PATROCINIJ
Hl. Paulus | sv. Pavel

Die spätgotische Kirche verfügt über einen massigen, breiten Westturm aus der 1. Hälfte des 16. Jahrhunderts mit Spitzgiebelhelm, der das äußere Erscheinungsbild prägt. Urkundlich 1123 erwähnt, als Pfarre seit 1206 genannt. An der Westfront des Turmes ist eine barocke Vorhalle angebaut, das Turmerdgeschoss zum Langhaus hin geöffnet. Im Inneren befinden sich Netzrippengewölbe vom Anfang des 16. Jahrhunderts.

Poznogotska cerkev ima masiven in širok zahodni stolp iz 1. polovice 16. stoletja s koničastočelnim šlemom, ki zaznamuje zunanji videz. V listini omenjena l. 1123, kot farna cerkev l. 1206. Na zahodni strani stolpa je dograjena baročna veža, pritličje stolpa je odprto proti vzdolžni ladji. Znotraj vidimo mrežastorebraste oboke iz začetka 16. stoletja.

Rechberg | Rebrca

ANBETUNG | VEDNO ČEŠČENJE
10. April | april

PATROZINIUM | PATROCINIJ
Hl. Bartholomäus | sv. Jernej

FILIALKIRCHE | PODRUŽNIČNA CERKEV
Glantschach | Klanče
Hl. Thomas | sv. Tomaž

Die barockisierte Chorturmkirche aus der 1. Hälfte des 13. Jahrhunderts und der Karner sind Teil einer Wehranlage (ehemalige Kommende des St. Georgs-Ritterordens). Urkundlich 1321 genannt, als Pfarre 1408. Zwischen dem romanischen Langhaus und dem gotischen Chor des 14. Jahrhunderts erhebt sich der quadratische Turm. Das Innere mit barocken Gewölben, im Seitenschiff und Chor sind gotische Kreuzrippengewölbe.

Barokizirana cerkev s kornim stolpom iz 1. polovice 13. stoletja in kostnica sta del taborske cerkve (nekdanja komenda viteškega reda sv. Jurija). V listini omenjena l. 1321, kot farna cerkev l. 1408. Med romansko vzdolžno ladjo in gotskim korom iz 14. stoletja se dviguje kvadraten stolp. V notranjosti so baročni oboki, v stranski ladji in na koru najdemo gotske križnorebraste oboke.

Sittersdorf | Žitara vas

ANBETUNG | **VEDNO ČEŠČENJE**
4. Dezember | december

PATROZINIUM | **PATROCINIJ**
Hll. Helena und Oswald | sv. Helena in sv. Ožbalt

Die im Barock erweiterte, im Kern romanisch/gotische Kirche wird von einer Mauer und einem romanischen Karner Mitte des 12. Jahrhunderts umgeben. Im 19. Jahrhundert kam es zu baulichen Veränderungen. Urkundlich 1154 genannt. Der Westturm ist von 1690 und wurde 1865 erhöht und fassadiert. Das Innere besteht aus einem gestaffelten Langhaus mit 2 barocken Seitenteilen, im Chor sind Netzrippengewölbe um 1500.

V baroku razširjeno in v jedru romansko-gotsko cerkev obdaja zid, ob katerem stoji romanska kostnica iz srede 12. stoletja. V 19. stoletju so cerkev prezidali. V listini omenjena l. 1154. Zahodni stolp je iz l. 1690, ki je bil l. 1865 povišan in fasadiran.

St. Kanzian | Škocjan

ANBETUNG | VEDNO ČEŠČENJE
15. Oktober | oktober

PATROZINIUM | PATROCINIJ
Hl. Kanzian | sv. Kancijan

FILIALKIRCHEN | PODRUŽNIČNE CERKVE
Srejach | Sreje
Hl. Pankratius | sv. Pankracij
Klopein | Klopinj
Hl. Jakob | sv. Jakob
Georgiberg | Št. Jurij
Hl. Georg | sv. Jurij
St. Lorenzen | Št. Lovrenc
Hl. Lorenz | sv. Lovrenc

Die romanische Chorturmkirche verfügt über einen spätgotischen Chor von 1518 mit Wehrobergeschoss und ein historistisches Langhaus von 1849-60. Der Neuzubau im Norden wurde 1977-80 von Alfons Nessmann errichtet. Urkundlich 1106 genannt. Der wuchtige romanische Chorturm trägt einen Spitzgiebelhelm des 19. Jahrhunderts. Im Inneren verfügt die Staffelhalle über Kreuzgratgewölbe und frühhistorischen Dekor.

Romanska cerkev s kornim stolpom ima poznogotski kor iz l. 1518 z utrjenim nadstropjem in historično vzdolžno ladjo iz let 1849-60. Novogradnja iz časa med 1977 in 1980 na severni strani je delo Alfonsa Nessmanna. V listini omenjena l. 1106. Mogočni romanski korni stolp prekriva koničastočelni šlem iz 19. stoletja. Notranja psevdobazilika ima grebenasto križne oboke.

St. Philippen ob Sonegg | Št. Lipš

ANBETUNG | VEDNO ČEŠČENJE
2. Dezember | december

PATROZINIUM | PATROCINIJ
Hll. Philippus und Jakobus | sv. Filip in Jakob

FILIALKIRCHEN | PODRUŽNIČNI CERKVI
Pfannsdorf | **Banja vas** Hl. Maria | sv. Marija
Altendorf | **Stara vas** Hl. Andreas | sv. Andrej

KAPELLE | KAPELA
Sonnegg | **Ženek**
Hl. Johannes der Täufer | sv. Janez Krstnik

Die im Kern romanische Kirche liegt von einer Mauer umgeben und wurde im 14. und 16. Jahrhundert maßgeblich umgebaut. Urkundlich 1329 genannt. Der romanische Westturm mit oktogonalem Spitzgiebelhelm bestimmt das äußere Erscheinungsbild. Die Fensteröffnungen sind barock verändert. Im Inneren überziehen spätgotische Schlingrippen aus dem 1. Viertel des 16. Jahrhunderts das Gewölbe. Wandmalerei um 1370.

V jedru romansko cerkev obdaja obzidje, v 14. in 16. stoletju je bila obsežno prezidana. V listini omenjena l. 1329. Romanski zahodni stolp z osmerokotnim koničastočelnim šlemom določa zunanjo podobo. Okenske odprtine so spremenjene v baročnem slogu. Znotraj se čez oboke raztezajo poznogotska zankasta rebra iz prve četrtine 16. stoletja. Stenske poslikave so iz časa okrog l. 1370.

St. Stefan unter Feuersberg | Šteben

ANBETUNG | VEDNO ČEŠČENJE
11. März | marec

PATROZINIUM | PATROCINIJ
Hl. Stefan | sv. Štefan

Die spätgotische Kirche mit mächtigem vorgestellten romanischen Westturm wird von einer Wehrmauer mit Schießscharten umgeben. Urkundlich als Pfarre 1296 genannt. Oberhalb des Langhauses war ursprünglich ein Wehrgeschoss. Das Äußere wird von Strebepfeilern rhythmisiert. Im Inneren befinden sich Netzrippengewölbe vom Beginn des 16. Jahrhunderts über Wandvorlagen. Das Chorgewölbe stammt aus dem 15. Jahrhundert.

Poznogotsko cerkev z mogočnim romanskim stolpom na zahodni strani obdaja utrjeno obzidje s strelnimi linami. V listini kot farna cerkev omenjena l. 1296. Nad vzdolžno ladjo je bilo prvotno obrambno nadstropje. Zunanjost je usklajena z oporniki. Znotraj najdemo mrežastorebraste oboke iz začetka 16. stoletja nad stenskimi oporniki. Korni obok je iz 15. stoletja.

St. Veit im Jauntal | Št. Vid v Podjuni

ANBETUNG | VEDNO ČEŠČENJE
15. Juni | junij

PATROZINIUM | PATROCINIJ
Hl. Primus | sv. Primož

FILIALKIRCHEN | PODRUŽNIČNE CERKVE
Rückersdorf | Rikarja vas
Hll. Andreas und Ulrich | sv. Andrej in Urh
Mökriach | Mokrije Hl. Martin | sv. Martin
Alte Pfarrkirche | stara farna cerkev
Hl. Vitus | sv. Vid
St. Primus | Št. Primož
Grabelsdorf | Grabalja vas
Hl. Daniel | sv. Danijel

Der moderne gegliederte Kirchenbau wurde 1976 von Architekten Josef Bavdaž erbaut. Der zentralisierende Bau unter Satteldach verfügt über einen Glockenturm. Der Pfarrhof wurde im Jahr 1994 als Anbau an die Kirche errichtet.

Sodobna razčlenjena cerkvena stavba je delo iz leta 1976 arhitekta Josefa Bavdaža. Stavba s središčnim tlorisom pod dvokapno streho ima tudi zvonik. Župnišče so prizidali cerkvi leta 1994.

Stein im Jauntal | Kamen v Podjuni

ANBETUNG | VEDNO ČEŠČENJE
5. Feber | februar

PATROZINIUM | PATROCINIJ
Hl. Laurentius | sv. Lovrenc

FILIALKIRCHE | PODRUŽNIČNA CERKEV
Friedhofskirche | pokopališka cerkev
Hl. Margareta | sv. Marjeta

Der Bau ist Teil einer ehemaligen Burganlage (1780 abgetragen) mit Karner und liegt dominant auf einem Felsen. Die einstige Burgkapelle vom Anfang des 13. Jahrhunderts wurde im 14. und nach Zerstörungen 1458 im 16. Jahrhundert wieder aufgebaut. Urkundlich 1240 als Pfarre genannt. Der schlanke Turm um 1511 als Wehrturm erbaut. Langhaus und Apside aus romanischen Quadern, innen frühgotische Kreuzrippengewölbe.

Zgradba je del nekdanjega taborskega kompleksa (odstranjen l. 1780) s kostnico in se gospodovalno dviguje na skali. Nekdanja grajska kapela iz začetka 13. stoletja je bila v 14. in po uničenju l. 1458 v 16. stoletju ponovno sezidana. V listini omenjena l. 1240 kot farna cerkev. Sloki stolp je bil okrog l. 1511 zgrajen kot obrambni stolp. Vzdolžna ladja in apsida sta iz romanskih kvadrov, znotraj vidimo zgodnjegotske križnorebraste oboke.

DEKANAT

Feldkirchen

Außerteuchen • Feldkirchen • Friedlach • Glanhofen • Gnesau • Himmelberg • Klein St. Veit • Ossiach • Radweg • Sirnitz • St. Gandolf • St. Josef am Ossiachersee • St. Lorenzen in der Reichenau • St. Margarethen in der Reichenau • St. Martin in Ebene Reichenau • St. Nikolai bei Feldkirchen • St. Ulrich bei Feldkirchen • St. Urban bei Feldkirchen • Steuerberg • Tiffen • Wachsenberg • Zedlitzdorf

Außerteuchen

PATROZINIUM
Hll. Rupert und Virgil

Der spätgotische, hohe Bau aus der Mitte des 15. Jahrhunderts liegt von einer Steinmauer umgeben am Hang neben der ehemaligen Schule. Das Langhaus, der Chor mit Fünfachtelschluss und der Spitzhelm des Nordturmes sind mit Schindeln eingedeckt. Im Barock kam es zu Veränderungen innen und außen. An der Fassade ein barockes Christophorusfresko und eine Sonnenuhr von 1668. Im Inneren Spitztonnengewölbe mit Stichkappen über Halbsäulen mit Blattkapitellen aus dem 17. Jahrhundert. Im Polygonalchor bestehen noch gotische Wandpfeiler. Im Westen befindet sich ein profiliertes Kielbogenportal.

Feldkirchen

ANBETUNG
12. Februar

PATROZINIUM
Heiligste Jungfrau Maria (im Dorn)

FILIALKIRCHEN
St. Michael Hl. Michael
Rottendorf Hll. Wolfgang und Magdalena

KAPELLEN
Unterrain
Lindl

Die beachtliche dreischiffige spätromanische Basilika mit fünfgeschossigem Chorturm und gotischem Langchor des 14. Jahrhunderts wurde in der 2. Hälfte des 15. Jahrhunderts (Netzrippengewölbe) und in den Epochen danach verändert. Zuletzt wurde das Langhaus durch einen Hallenzubau von Gernot Kulterer 1986 nach Westen verlängert. Die Fassadengestaltung des mächtigen Turms, der 1783 aufgestockt wurde, stammt von 1871. Am Spitzbogenportal 2 sekundär verwendete romanische Säulen mit Knospen- bzw. Köpfchenkapitell. Im ehemaligen Chorturmjoch Wandmalereireste von 1220/1230. Rundkarner um 1200.

Friedlach

ANBETUNG
5. September

PATROZINIUM
Hl. Georg

FILIALKIRCHE
Tauchendorf
Hl. Michael

Die gotische Anlage aus der 1. Hälfte des 15. Jahrhunderts stammt im Kern aus der Romanik (Langhaus) und hat ein wehrkirchenartiges Erscheinungsbild. Die Kirche wird 1214-1218 erstmals erwähnt. Der Bau ist von einer Ringmauer eingefasst, steile Strebepfeiler stützen den mit dem Langhaus gleichhohen Chor. Darunter befindet sich ein Beinhaus. Der Architekturdekor mit Laufender-Hund-Friesen ist aus der Zeit um 1600. Im Inneren verfügt die Wandpfeilerkirche über ein barockes Gratgewölbe mit Drei- und Vierpassvertiefungen in den Scheiteln. Das Chorgewölbe stammt aus dem 15. Jahrhundert.

Glanhofen

ANBETUNG
27. April

PATROZINIUM
Hl. Laurentius

FILIALKIRCHE
St. Leonhard
Hl. Leonhard

Die im Kern romanisch-gotische Anlage erhielt den entscheidenden Um- und Wiederaufbau 1851, nach einem verheerenden Brand. Erste Nennung als Pfarre zwischen 1260/69. Geprägt wird der Bau durch einen repräsentativen spätklassizistischen Portikus mit Attika und dem ehemaligen romanischen Chorturm (Pyramidenhelm 1976). Der Chor mit Dreiachtelschluss und Netzrippengewölbe wurde um 1500 angebaut. Im Inneren Spitztonnengewölbe mit Stichkappen über toskanischen Pilastern. Im Turmquadrat finden sich Wandmalereien aus der 1. Hälfte des 14. Jahrhunderts, der gemalte Rippenstern entstand um 1500.

Gnesau

ANBETUNG
18. April

PATROZINIUM
Hl. Leonhard

Die ehemalige Wehrkirche ist eine romanische Chorturmkirche, die auf eine Vorgängerkirche aus den Jahren vor 1213 zurückgeht. Urkundliche Erwähnung 1213, als Pfarre erstmals 1499 genannt. Die Fassaden zeigen klassizistische Architekturgliederung. Der Turm aus dem 14. Jahrhundert wurde 1723 erhöht und barockisiert. Der Chor aus dem späten 15. Jahrhundert wurde vermutlich von Bartholomäus Vierthaler errichtet und hat ein netzförmiges Kreuzrippengewölbe auf Diensten mit Blattwerkkapitellen. Das quadratische Langhaus mit Stichkappengewölbe wird von 2 Achteckpfeilern in drei Schiffe geteilt.

Himmelberg

ANBETUNG
27. Mai

PATROZINIUM
Hl. Martin von Tours

FILIALKIRCHEN
Werschling Hl. Thomas
Pichlern Hll. Philipp und Jakob

KAPELLEN
Wegkapelle
Schloss Biberstein

Die im Kern gotische Kirche aus dem 13. Jahrhundert wurde im 17. Jahrhundert und nach einem Brand 1711 barockisiert und ausgebaut. Das Westjoch kam 1770 an das bestehende Langhaus. Der auf die Gotik zurückgehende Turm bekam sein Glockengeschoss samt Spitzhelm im 19. Jahrhundert. Urkundlich wurde die Kirche bereits 1060-76 genannt. An der Westfront verläuft eine zweiarmige Treppe zur Empore. Das Innere hat eine Stichkappentonne mit Gurtbögen. Die Wandpfeiler bilden Arkaden. Der ehemalige Karner ist ein Oktogonal mit Pyramidendach, das Gewölbe weist Akanthusstuck aus dem Jahr 1710 auf.

Klein St. Veit

ANBETUNG
28. April

PATROZINIUM
Hll. Veit und Martin

FILIALKIRCHEN
St. Martin Hl. Martin
Hart Hl. Lambert
Briefelsdorf Hll. Philipp und Jakobus

Der gotische Bau aus dem 14. Jahrhundert mit Veränderungen und Erweiterungen der 1. Hälfte des 19. Jahrhunderts wird von einem Friedhof umgeben. Urkundlich bereits 1136 erwähnt, als Pfarre zwischen 1260/69 genannt. Der Turm ist der Westfassade vorgestellt und wurde im 19. Jahrhundert angebaut. Unter dem eingezogenen Chor des 14. Jahrhunderts befindet sich ein Beinhaus mit Mittelstütze. Die Strebepfeiler sind sekundär stützend angebaut. Das Gratgewölbe des Fünfachtelschlusses im Chor besitzt figürliche Konsolen. Im Inneren ist das Langhaus flachgedeckt und mit Stuckfeldern verziert.

Ossiach

ANBETUNG
30. Jänner

PATROZINIUM
Mariä Himmelfahrt

FILIALKIRCHE
St. Anton in den Tauern

Die im Kern romanische ehemalige Klosterkirche wurde nach einem Brand von 1484 in gotischen Formen wieder aufgebaut. Die Gründung des Stiftes erfolgte kurz vor 1028. Die heutige Gestalt der Kirche ist durch eine Barockisierung (1737-1744) geprägt. Das Äußere beherrscht der Vierungsturm, die 3 Apsiden und die Ortssteinverzierungen. Die Taufkapelle ist aus dem 14. Jahrhundert, die Westfassade wurde im 2. Viertel des 18. Jahrhunderts errichtet. Im Inneren ist die Pfeilerbasilika mit einer Stichkappentonne und Kreuzgraten eingewölbt, der Chor liegt über der verschütteten Krypta erhöht.

Radweg

ANBETUNG
2. Juni

PATROZINIUM
Hl. Radegund

FILIALKIRCHEN
Sittich Hll. Philipp und Jakob
Knasweg Hll. Andreas und Nikolaus
Gradisch-Schlosskapelle Hl. Rupert

Eine im Historismus umgebaute Kirche mit Langhaus- und Chorquadratmauern aus der 1. Hälfte des 12. Jahrhunderts (ehemalige Chorturmkirche). Seit 1251 eigenständige Pfarre. 1897 Verlängerung nach Westen und Neubau des Westturms. Der gotische Chorturm wurde abgetragen. Chor und Sakristei im Osten wurden um 1500 errichtet. Im ersten Chorjoch ist noch das romanische Gewölbe (Rippen abgeschlagen) vorhanden, der spätgotische Dreiachtelchor verfügt über Gratgewölbe. Im Inneren Flachdecke und Malereien von Franziskus Haferl 1838, gotische Wandmalereien 1. Hälfte 15. Jahrhundert am Triumphbogen.

Sirnitz

ANBETUNG
22. September

PATROZINIUM
Hl. Nikolaus

FILIALKIRCHEN
St. Leonhard im Bade
St. Ruprecht

KAPELLE
St. Leonhard

Große, Mitte des 18. Jahrhunderts barockisierte, überwiegend frühgotische Hallenkirche im oberen Dorf gelegen. Gesamtbau von eng gestellten Streben umgeben. Der frühgotische ehemalige Nordturm ist im Langhaus integriert, der weithin sichtbare Westturm wurde 1747 erbaut (Zwiebelhaube aus dem 19. Jahrhundert). An der Südfassade befindet sich ein barockes Christophorusfresko. Im Inneren ruht ein frühgotisches Kreuzgratgewölbe auf massiven Rundpfeilern und gliedert die dreischiffe Halle. Wandmalereireste 1310 und 1430. Im Friedhof steht achteckiger spätgotischer Karner mit barockem Zwiebeldach.

St. Gandolf

ANBETUNG
10. Oktober

PATROZINIUM
Hl. Gandolf

FILIALKIRCHEN
Maria Feicht
Flatschach Hl. Lorenz

Auf einem Hügel markant gelegener gotischer Kirchenbau aus dem 14. und 15. Jahrhundert. Die Kirche wurde 1136 erstmals urkundlich erwähnt und ist seit 1285/93 Pfarre. Der hohe Westturm und der eingezogene Polygonalchor sind aus dem 14. Jahrhundert. Im Inneren ruht das Kreuzrippengewölbe über 2 Polygonalpfeilern und Wandpfeilern und teilt das Langhaus in 2 Schiffe. Im Chor Netzrippengewölbe, im Chorschluss über Runddiensten mit Kapitellen. Der Freskenzyklus im Langhaus und am Triumphbogen entstand 1440 vom Meister Friedrich und seinem Sohn Johannes von Laibach (Villacher Werkstätte).

St. Josef am Ossiacher See

ANBETUNG
26. April

PATROZINIUM
Hl. Josef

FILIALKIRCHEN
St. Josef
Steindorf Hl. Johannes

Die moderne Saalkirche am Westrand von Bodensdorf stammt aus der Zwischenkriegszeit und wurde 1929 nach Plänen von Hans Prutscher erbaut. An den Rechteckbau ist eine Apside mit Kegeldach im Norden und ein schräg eingestellter Turm im Süden mit Lisenengliederung angebaut. Die Südfassade wird durch einen Dreiecksgiebel betont, ein schlichtes Satteldach bedeckt den Saalbau. Im Inneren wird das Tonnengewölbe durch die Holzdecke verdeckt. Große Rundbogenfenster über einer durchlaufenden Sohlbank beleuchten das schlichte Langhaus. Die Apside besteht aus 4 sich verjüngenden Wandflächen.

St. Lorenzen in der Reichenau

ANBETUNG
22. Juni

PATROZINIUM
Hl. Laurentius

FILIALKIRCHE
St. Anna Hl. Anna

Die im Spätbarock umgestaltete gotische Kirche ist vermutlich im Kern romanisch und liegt umgeben von Mauer und Friedhof auf dem Lorenzenberg in 1477 Meter Seehöhe. Sie ist die höchstgelegene Pfarre Kärntens. Der mächtige Nordturm trägt ein Pyramidendach, der Chor mit Dreiachtelschluss ist von Strebepfeilern gestützt. Ein Vordach schützt das Spitzbogenportal im Westen, das die Jahreszahl 1787 trägt (Baumaßnahmen). Im Inneren befindet sich ein flaches Stichkappen-Tonnengewölbe vom 4. Viertel des 18. Jahrhunderts. Der Triumphbogen aus dem 14. Jahrhundert verbindet zum gotischen Chor.

St. Margarethen in der Reichenau

ANBETUNG
2. September

PATROZINIUM
Hl. Margaretha

Die spätgotische Kirche um 1500 am Dorfrand inmitten des Friedhofs ist von Strebepfeilern umstellt und hat einen Vorhallenturm im Westen eingestellt. Der Spitzgiebelhelm wurde im 19. Jahrhundert aufgesetzt. Das Wandbild des Hl. Christophorus ist von 1507. Im Inneren befindet sich ein gotisches Wandpfeilersystem mit Polygonalpfeilern, darüber ein Tonnengewölbe mit Netzgraten. Die gemalten Heiligendarstellungen auf Konsolen stammen vom Ende des 15. Jahrhundert. Auf dem Triumphbogen steht „1492". Im Chor befindet sich ein Netzrippengewölbe. Ein Maßwerkfenster aus der Bauzeit ist erhalten.

St. Martin in Ebene Reichenau

ANBETUNG
10. September

PATROZINIUM
Hl. Martin

Der spätbarocke Kirchenbau, Mitte des 18. Jahrhunderts errichtet, hat einen stark eingezogenen Chor und einen nördlich an den Chor angebauten Turm. Der Spitzgiebelhelm stammt aus dem 19. Jahrhundert. Die Anlage wird vom Friedhof umgeben. 1384 wurde eine Andreas-und-Martin-Kapelle geweiht. Seit 1812 ist die Kirche Pfarre. Der Rechteckbau mit Giebelfront und Portalvordach im Westen verfügt über eine rundum angebrachte Putzpilastergliederung und in der Größe variierende, segmentbogige Fensteröffnungen. Im Inneren bedeckt ein Tonnengewölbe mit Stichkappen Langhaus und Chor.

St. Nikolai bei Feldkirchen

ANBETUNG
18. Juli

PATROZINIUM
Hl. Nikolaus

Die kleine gotische Anlage aus dem 14. Jahrhundert liegt am nördlichen Dorfrand auf einem Hügel und ist malerisch von einer Wehrmauer umgeben. Die erste urkundliche Erwähnung ist von 1353. Das Gesamtbild wird vom hohen, groß dimensionierten Dachreiter bestimmt und von der eingezogenen halbrunden Apside. Das Langhaus wurde 1959 nach Westen verlängert. Das Innere ist mit einer Flachdecke ausgestattet, ein rundbogiger Triumphbogen leitet zur Konchenapsis über. Die Wandmalereien in der Apsis und über dem Sakristeiportal stammen vom Ende des 14. Jahrhunderts.

St. Ulrich bei Feldkirchen

ANBETUNG
26. Mai

PATROZINIUM
Hl. Ulrich

FILIALKIRCHE
Poitschach

Auf einem Felshügel thront die ehemalige romanische Chorturmkirche. Der Ende des 15. Jahrhunderts zur Wehrkirche verstärkte Bau verfügt noch über eine Wehrmauer. Eine urkundliche Nennung besteht von 1144. 1207 war St. Ulrich bereits Pfarre. Gotische und barocke Umbauten. Der dreigeschossige romanische Chorturm dominiert das Langhaus und den gotischen Chor mit Fünfachtelschluss. Eine massige Vorhalle im Westen bildet ein Gegengewicht. Im Inneren befindet sich ein Kreuzgratgewölbe aus dem 17. Jahrhundert über Pilastern. Das Chorgewölbe mit Rippen entstand in der 1. Hälfte des 15. Jahrhunderts.

St. Urban bei Feldkirchen

ANBETUNG
25. August

PATROZINIUM
Hl. Urban

Die spätgotische Kirche aus dem 1. Viertel des 16. Jahrhunderts besitzt einen Chorturm und Chor aus dem 14. Jahrhundert und wurde um 1700 barockisiert. Aus dieser Zeit stammt die Pilastergliederung an den Fassaden. Die Streben wurden am Chor später angesetzt, der Turm im 19. Jahrhundert verändert. Eine zweiarmige zweiläufige Treppe führt zum Südportal von 1524. Das Sternrippengewölbe Anfang 16. Jahrhundert im Inneren erhebt sich über Runddiensten. Im Chorschluss abgeschlagene Rippen und zweibahnige Maßwerkfenster erhalten. Die Wandmalereien entstanden im 2. Viertel des 15. Jahrhunderts.

Steuerberg

ANBETUNG
16. Mai

PATROZINIUM
Hll. Peter und Paul

FILIALKIRCHE
Unterhof Hl. Johannes

Die um 1300 erbaute romanische Chorturmkirche wurde im 4. Viertel des 15. Jahrhunderts zur gotischen Wandpfeilerkirche umgebaut und erhielt einen an den Turm angebauten Chor. Darunter liegt ein Beinhaus mit achteckiger Mittelsäule und einem Teil der romanischen Apside. Der Turm trägt einen Pyramidenspitzhelm, das Westportal ist mit „1490" bezeichnet und die Vorhalle ruht auf gotischen Pfeilern. Im gotischen Chor ein Dreiachtelschluss und Netzrippengewölbe.

Tiffen

ANBETUNG
20. September

PATROZINIUM
Hl. Jakobus der Ältere

FILIALKIRCHE
St. Margarethen

KAPELLE
Hl. Grab-Kapelle

Die romanische Chorturmkirche ist die älteste Jakobuskirche Kärntens und liegt an einem Felsens. Sie war als Wehrkirche samt Wehranlage im 15. Jahrhundert in Verwendung. Die Mauern gehen auf das späte 11. Jahrhundert zurück. Der Chorturm ist aus der Mitte des 12. Jahrhunderts und der Chor wurde 1758 angebaut. Urkundlich wurde die Kirche 1060-76 genannt und war vor 1206 Pfarre. An der Sakristei Christophorusfresko mit Pelikan. Im Mauerwerk befinden sich Römersteine. Im Inneren eröffnet sich eine spätgotische Halle mit 3 Pfeilern und Netzrippengewölbe der 2. Hälfte des 15. Jahrhunderts.

Wachsenberg

ANBETUNG
19. Juni

PATROZINIUM
Hl. Andreas

KAPELLE
Kitzl Hl. Ägidius

Die weithin sichtbare Kirche besteht aus Bauteilen des 14. und 15. Jahrhunderts. Als Pfarre erstmals 1250 genannt. Der Westturm aus dem 14. Jahrhundert trägt einen barocken Zwiebelhelm, in den Langhausmauern befindet sich originales Maßwerk und unter der Sakristei ist ein schlichtes gotisches Beinhaus. Die Vorhalle hat ein Sterngewölbe, im Inneren überspannt ein Kreuzrippengewölbe das Langhaus über Polygonalpfeilern. Im Chor befindet sich ein Rippengewölbe. Die Wandmalerei des Jüngsten Gerichts über dem Triumphbogen ist vom Anfang des 16. Jahrhunderts.

Zedlitzdorf

PATROZINIUM
Unsere Liebe Frau

Der kleine, unauffällige Kirchenbau an der Nordseite eines ehemaligen Karmeliter-Hospizkomplexes stammt aus dem Spätbarock um 1760-70. Unter Maria Theresia kam es zur Gründung eines Karmeliterhospizes zur Missionierung der protestantischen Gebiete. Über dem Chor erhebt sich ein zarter Glockenturm mit Pyramidendach. Die schlichten Fassaden werden durch Lunettenfenster, Blendfelder und Rundnischen gegliedert. Das Langhaus weist ein Tonnengewölbe mit breiten Bandrippen über Pilastern auf. Das Innere ist durch eine beachtliche Rokokausmalung aus der 2. Hälfte des 18. Jahrhunderts geschmückt.

DEKANAT | DEKANIJA

Ferlach · Borovlje

Ferlach | Borovlje · Glainach | Glinje · Göltschach | Golšovo · Kappel an der Drau | Kapla ob Dravi · Köttmannsdorf | Kotmara vas · Loibltal | Brodi · Ludmannsdorf | Bilčovs · Maria Rain | Žihpolje · St. Johann im Rosental | Št. Janž v Rožu · St. Margareten im Rosental | Šmarjeta v Rožu · Suetschach | Sveče · Unterloibl | Podljubelj · Waidisch | Bajtiše · Windisch Bleiberg | Slovenji Plajberk · Zell ob Ferlach | Sele

Ferlach | Borovlje

ANBETUNG | VEDNO ČEŠČENJE
2. Oktober | oktober

PATROZINIUM | PATROCINIJ
Hl. Martin von Tours | sv. Martin Tourski

FILIALKIRCHE | PODRUŽNIČNA CERKEV
Dollich | Dole
Hl. Josef | sv. Jožef

Die Kirche liegt abseits des Marktplatzes und ist ein moderner Neubau aus den Jahren 1969/70 von Architekten Anton Zemann an der Stelle des barocken Vorgängerbaus. Die ehemalige barocke Westfassade mit dem vorgestellten Turm mit Zwiebelhelm von 1747 wurde erhalten und in die neue Kirche integriert. 1799 zur Pfarre erhoben. Im Inneren überspannt ein hölzernes Satteldach zeltartig den weitläufigen Saalraum.

Cerkev stoji nad glavnim trgom in je sodobna novogradnja iz 1969/70 arhitekta Antona Zemanna, postavljena na mestu baročne predhodnice. Nekdanja baročna zahodna fasada z izstopajočim stolpom, prekritim s čebulastim šlemom iz l. 1747, je ohranjena in je vključena v novo cerkev. Leta 1799 povzdignjena v farno cerkev. V notranjosti se razteza čez prostorno dvorano lesena sedlasta streha v obliki šotora.

Glainach | Glinje

ANBETUNG | VEDNO ČEŠČENJE
13. März | marec

PATROZINIUM | PATROCINIJ
Hl. Valentin | sv. Valentin

FILIALKIRCHE | PODRUŽNIČNA CERKEV
Seidolach | Ždovlje Hl. Ägidius | sv. Egidij

KAPELLE | KAPELA
Matzenkirche Hl. Anna | Sv. Ana na Macnu

Die in der Substanz gotische Kirche des 15. Jahrhunderts wurde im Barock maßgeblich umgebaut. Urkundlich 1364 genannt, seit 1786 als Pfarre verzeichnet. Der Westturm stammt aus dem Jahr 1753 und prägt das Äußere. Der Chor des 15. Jahrhunderts hat Maßwerkfenster und Kreuzrippengewölbe. Gestaltung der Westfassade ist von 1858. Im Inneren sind Platzlgewölbe des 19. Jahrhunderts (Verlängerung des Langhauses).

V jedru gotska cerkev iz 15. stoletja je bila v baroku obsežno prezidana. V listini omenjena l. 1364, od l. 1786 zabeležena kot farna cerkev. Stolp na zahodni strani je iz l. 1753 in zaznamuje zunanjost. Kor iz 15. stoletja ima okna s krogovičjem in križnorebraste oboke. Oblika zahodne fasade izvira iz l. 1858. Znotraj najdemo češko kupolo iz 19. stoletja (podaljšek vzdolžne ladje).

Göltschach | Golšovo

ANBETUNG | VEDNO ČEŠČENJE
6. August | avgust

PATROZINIUM | PATROCINIJ
Hl. Daniel | sv. Danijel

Die barocke Kirche des 18. Jahrhunderts wurde an der Stelle eines gotischen Vorgängerbaus errichtet. Sie wird vom Friedhof umgeben. Der Turm und die Sakristei im Norden wurden laut Inschrift 1632 erbaut. Eine Kirche ist für 1480 nachweisbar, seit 1779/88 als Pfarre verzeichnet. Im Inneren befinden sich Tonnengewölbe mit Stichkappen und Gurtbögen im Langhaus und Chor. Bis 1659 bestand eine Flachdecke.

Baročna cerkev iz 18. stoletja je bila zgrajena na mestu gotske predhodnice. Obdaja jo pokopališče. Stolp in zakristija na severni strani sta bila zgrajena l. 1632, kakor priča napis. Cerkev je izpričana v letu l. 1480, od l. 1779/80 označena kot farna cerkev. V notranjosti najdemo banjaste oboke s sosvodnicami in oprožnimi loki v vzdolžni ladji in koru. Do l. 1659 je bil tam še ravni strop.

Kappel an der Drau | Kapla ob Dravi

ANBETUNG | VEDNO ČEŠČENJE
4. Mai | maj

PATROZINIUM | PATROCINIJ
Hl. Zeno | sv. Zenon

KAPELLE | KAPELA
Kirschentheuer | Kožentavra
Hl. Anna | sv. Ana

Die einheitlich barocke Kirche wurde 1768 neu an der Stelle einer älteren Anlage errichtet und 1770 geweiht. Steinspolien des Vorgängerbaus von 1169 außen eingemauert. Urkundlich 1169 genannt. Der große Bau verfügt über einen geraden Chorschluss und symmetrische Kapellenanbauten. Der vorgestellte Westturm mit Rundbogenarkaden trägt einen Zwiebelhelm. Im Inneren überspannen Platzlgewölbe den Gesamtraum.

Enotno baročno cerkev so postavili l. 1768 na mestu starejše zgradbe in jo l. 1770 posvetili. Kamnitii preostanki predhodne zgradbe iz l. 1169 so vzidani na zunanji strani zidov. V listini omenjena l. 1169. Velika zgradba ima raven korski konec in simetrične kapelske prizidke. Izstopajoči zahodni stolp z arkadami s polkrožnimi loki prekriva čebulasti šlem. V notranjosti se raztezajo češke kupole čez celotni prostor.

Köttmannsdorf | Kotmara vas

ANBETUNG | VEDNO ČEŠČENJE
20. Jänner | januar

PATROZINIUM | PATROCINIJ
Hl. Georg | sv. Jurij

FILIALKIRCHEN | PODRUŽNIČNE CERKVE
St. Margarethen | Šmarjeta

St. Gandolf | Št. Kandolf

Hollenburg, Schlosskapelle | Humberk, grajska kapela Hl. Nikolaus | sv. Nikolaj

KAPELLE | KAPELA
Maria Waldesruh | Ovčičeva kapelica

Die im Kern romanische Chorturmkirche aus der 2. Hälfte des 12. Jahrhunderts wurde im 15. und 16. Jahrhundert und im Barock umgebaut. Der ehemalige romanische Karner wurde an die Kirche angebaut und zur barocken Sebastianskapelle 1727 gestaltet. Urkundlich 1194 genannt. Der mächtige Turm mit oktogonalem Spitzhelm prägt das Äußere. Im Inneren sind Kreuzrippengewölbe aus dem 1. Viertel des 16. Jahrhunderts.

V jedru romanska cerkev s korskim stolpom iz 2. polovice 12. stoletja je bila v 15. in 16. stoletju ter v baroku pregrajena. Nekdanja romanska kostnica je prizidana cerkvi in je bila l. 1727 spremenjena v baročno kapelo sv. Sebastijana. V listini omenjena l. 1194. Mogočni stolp z osmerokotnim koničastim šlemom zaznamuje zunanjo podobo. Znotraj najdemo križnorebraste oboke iz 1. četrtine 16. stoletja.

Loibltal | Brodi

ANBETUNG | VEDNO ČEŠČENJE
6. November | november

PATROZINIUM | PATROCINIJ
Hl. Leonhard | sv. Lenart

FILIALKIRCHE | PODRUŽNIČNA CERKEV
Sapotnica | Sopotnica
Hl. Magdalena | sv. Magdalena

Die kleine einheitlich neugotische Kirche, die erhöht über dem Talboden liegt, wurde 1859 errichtet. Die Westfassade wird durch den weithin sichtbaren Fassadenturm mit Spitzhelm betont. Langhaus und Chor sind von Strebepfeilern umstellt und homogen gegliedert. Im Inneren befinden sich Kreuzgratgewölbe auf Wandpfeilern. Die einheitliche Einrichtung stammt von Mathias Slama um 1900.

Majhna, v celoti novogotska cerkev v nekoliko višji legi je bila zgrajena l. 1859. Zahodno fasado poudarja daleč vidni fasadni stolp s koničastim šlemom. Vzdolžno ladjo in kor nosijo enotno razčlenjeni oporniki. V notranjosti vidimo grebenasto križne oboke na pilastrih. Enotna oprema je delo Mathiasa Slame iz časa okrog l. 1900.

Ludmannsdorf | Bilčovs

ANBETUNG | VEDNO ČEŠČENJE
30. Mai | maj

PATROZINIUM | PATROCINIJ
Hl. Jakobus der Ältere | sv. Jakob starejši

FILIALKIRCHEN | PODRUŽNIČNE CERKVE
Selkach | Želuče
Hl. Leonhard | sv. Lenart

St. Helena am Berge | Šentalena

Wellersdorf | Velinja vas
Hll. Peter und Paul | sv. Peter in Pavel

Die spätgotische Kirche geht im Kern auf romanische Substanz zurück und verfügt über einen dominierenden mächtigen romanischen Chorturm. Urkundlich 1370 genannt, seit 1784 als Pfarre verzeichnet. Die gotische Erneuerung wurde laut Inschrift von Meister Lamprecht 1518 durchgeführt. Davon sind der Chor, die Gewölbe und die südliche Sakristei erhalten. Im Inneren befinden sich spätgotische Netzrippengewölbe.

Poznogotska cerkev ima romansko jedro in dominanten mogočen romanski korski stolp. V listini omenjena l. 1370, od l. 1785 zabeležena kot farna cerkev. Iz napisa je razvidno, da je obnovitev v gotskem slogu iz l. 1518 delo mojstra Lamberta. Od te obnove so ohranjeni kor, oboki in zakristija na južni strani. Znotraj so poznogotski mrežastorebrasti oboki.

Maria Rain | Žihpolje

ANBETUNG | VEDNO ČEŠČENJE
12. September | september

PATROZINIUM | PATROCINIJ
Mariä Himmelfahrt | Marijino vnebovzetje

FILIALKIRCHE | PODRUŽNIČNA CERKEV
St. Ulrich | Št. Urh

Die barocke Wallfahrtskirche in beherrschender Lage über dem Rosental wurde 1729 erbaut. Im Kern geht die Anlage auf einen spätgotischen Vorgängerbau von 1445/56 zurück. Urkundlich 927 bzw. 1144 genannt, als Pfarre seit 1788. Einheitliche Fassadengestaltung, im Westen mit geschwungenem Giebel, Pilastergliederung und Doppelturmpaar. Im Langhaus und den Seitenkapellen sind Tonnengewölbe mit Stichkappen.

Baročna romarska cerkev na prevladujoči legi nad Rožem je bila zgrajena l. 1729. Iz jedra je razvidna poznogotska predhodna zgradba iz let 1445/56. V listinah omenjena l. 927 oz. l. 1144, kot župnijska cerkev od l. 1788. Enotno oblikovana fasada, na zahodni strani z izbočenim čelom, razvrščenimi pilastri in dvojnim stolpom. V vzdolžni ladji in stranskih kapelicah so banjasti oboki in sosvodnice.

St. Johann im Rosental | Št. Janž v Rožu

ANBETUNG | VEDNO ČEŠČENJE
11. April | april

PATROZINIUM | PATROCINIJ
Hl. Johannes | sv. Janez

Die barocke Kirche wurde 1759-62 errichtet und verfügt über einen im Westen vorgestellten Vorhallenturm mit Zwiebelhelm und einen eingezogenen Polygonalchor. Urkundlich 1169 genannt. Oktogonale Kapellenbauten befinden sich seitlich des Langhauses, der nördliche stammt vom Vorgängerbau, der südliche ist aus der Bauzeit. Im Inneren überspannt ein Tonnengewölbe mit Stichkappen den Raum.

Baročna cerkev je bila zgrajena 1759-62 in ima na zahodni strani izpostavljen lopni stolp s čebulastim šlemom in vbočenim večkotnim korom. V listini omenjena l. 1169. Na straneh vzdolžne ladje vidimo osmerokotne kapelice, severni del te ladje je preostanek predhodne zgradbe, južni je baročen. Znotraj pokriva prostor banjasti obok s sosvodnicami.

St. Margareten im Rosental | Šmarjeta v Rožu

ANBETUNG | VEDNO ČEŠČENJE
20. April | april, 13. Juli | julij

PATROZINIUM | PATROCINIJ
Hl. Margareta | sv. Marjeta

FILIALKIRCHE | PODRUŽNIČNA CERKEV
Niederdörfl | Spodnja vesca
Hl. Thomas | sv. Tomaž

KAPELLE | KAPELA
Freibach | Borovnica

Die barockisierte spätgotische Anlage wird von einem Friedhof und Mauer umgeben. Urkundlich 1346 genannt, als Pfarre seit 1430 verzeichnet. Der mächtige spätgotische Westturm des 15. Jahrhunderts ist weithin sichtbar und trägt einen oktogonalen Spitzhelm. Das Westportal ist kielbogig und gotisch profiliert. Im Inneren befinden sich ein barockes Tonnengewölbe mit Stichkappen und ein Kreuzgratgewölbe im Chor.

Barokizirano poznogotsko zgradbo obdaja pokopališče z obzidjem. V listini omenjena l. 1346. kot farna cerkev zabeležena od l. 1430. Mogočni poznogotski zahodni stolp iz 15. stoletja je daleč viden in ga prekriva osmerokoten koničasti šlem. Zahodna vrata imajo hrbtičast lok in gotski profil. Znotraj vidimo baročni banjasti obok s sosvodnicami in grebenast križni obok na koru.

Suetschach | Sveče

ANBETUNG | VEDNO ČEŠČENJE
17. April | april, 14. September | september

PATROZINIUM | PATROCINIJ
Hl. Lambertus | sv. Lambert

FILIALKIRCHEN | PODRUŽNIČNE CERKVE
Matschach | Mače Hl. Rupert | sv. Rupert
Bärental | Rute Hl. Michael | sv. Mihael
Feistritz | Bistrica Heiliges Kreuz | Sveti križ
St. Oswald | Št. Ožbolt

KAPELLE | KAPELA
Oberbärental | Zgornje Rute
Hl. Michael | sv. Mihael

Die ehemalige Chorturmkirche geht in den Langhausmauern und dem Chorturmerdgeschoss auf die 1. Hälfte des 13. Jahrhunderts zurück. Die Gewölbe des Langhauses und der Westturm sind aus dem 15. Jahrhundert, der Chor ist von 1573. Urkundlich 1363 genannt. Nach Brand 1911 Restaurierung. Der massige Zwiebelhelm ist von 1861, der Chorturm wurde ab dem 1. Geschoss abgetragen. Im Inneren sind Netzrippengewölbe.

Nekdanja cerkev s korskim stolpom izvira z zidovjem vzdolžne ladje in pritličjem korskega stolpa iz 1. polovice 13. stoletja. Oboki vzdolžne ladje in zahodni stolp so iz 15. stoletja, kor je iz l. 1573. V listini omenjena l. 1363. Po požaru l. 1911 je bila obnovljena. Masivni čebulasti šlem je iz l. 1861, korni stolp je bil snet do 1. nadstropja. Znotraj najdemo mrežastorebraste oboke.

Unterloibl | Podljubelj

ANBETUNG | VEDNO ČEŠČENJE
26. September | september

PATROZINIUM | PATROCINIJ
Hl. Dreifaltigkeit | sv. Trojica

Der kleine Bau mit quadratischem Chorraum liegt unterhalb der Loiblstraße und wurde um das Jahr 1650 errichtet und geweiht. 1843 fand eine Erneuerung mit Verlängerung nach Westen statt. Über der schlichten Westfassade erhebt sich ein Türmchen mit Zwiebelhelm, an den Außenmauern sind barocke Fensterrahmungen. Im Inneren befindet sich ein Tonnengewölbe mit Stichkappen.

Majhna zgradba s kvadratnim korom stoji pod Ljubeljsko cesto, zgrajena in posvečena je bila okrog l. 1650. L. 1843 so jo obnovili in na zahodni strani podaljšali. Nad preprostim zahodnim pročeljem se dviguje stolpič s čebulastim šlemom in v zunanjem zidovju so baročni okenski okvirji. V notranjosti najdemo banjasti obok s sosvodnicami.

Waidisch | Bajtiše

PATROZINIUM | PATROCINIJ
Hl. Antonius von Padua | sv. Anton Padovanski

KAPELLE | KAPELA
Wegkapelle | obpotna kapela

Die einheitlich spätbarocke Kirche wurde um 1780 erbaut. (Bauherr war der Gewerke Ignaz Huebmershofen von Silbernagel.) Der Rechteckbau verfügt über einen eingezogenen runden Chor, der im Inneren polygonal schließt. Die Westfront mit Fassadenturm ist durch Pilaster gegliedert und besitzt seitlich der Turmflanken einen Wellengiebel. Im Inneren befinden sich Platzlgewölbe im Langhaus und Chor.

Enotna poznobaročna cerkev je bila zgrajena okoli l. 1780. (Investitor je bil podjetnik Ignaz Huebmershofen von Silbernagel.) Pravokotna zgradba ima vbočen okrogel kor s poligonalnim notranjim koncem. Zahodna stran s fasadnim stolpom je razčlenjena s pilastri, ob stolpnih krilih ima valovno čelo. Znotraj najdemo češke kupole v vzdolžni ladji in koru.

Windisch Bleiberg | Slovenji Plajberk

ANBETUNG | VEDNO ČEŠČENJE
8. Jänner | januar

PATROZINIUM | PATROCINIJ
Hl. Erhard | sv. Erhard

Die Kirche in malerischer Hanglage wird von einer Mauer umgeben. Laut Inschrift wurde der Bau in den Jahren 1802, 1857 und 1908 erneuert. Ein Vorgängerbau wird urkundlich 1364 genannt. Dem ungegliederten Langhaus ist ein Westturm mit Spitzhelm vorgestellt, der im Erdgeschoss durch Arkadenbögen geöffnet ist. Im Inneren befindet sich ein Tonnengewölbe mit Stichkappen.

Cerkev v slikovitem klancu obdaja obzidje. Napis na njej izpričuje, da je bila zgradba v letih 1802, 1857 in 1908 obnovljena. Predhodna stavba je v listini izpričana za l. 1364. Na zahodni strani je nerazčlenjeni vzdolžni ladji prizidan stolp s koničastim šlemom; stolp je v pritličju odprt z arkadnimi loki. Znotraj je banjasti obok s sosvodnicami.

Zell | Sele

ANBETUNG | VEDNO ČEŠČENJE
1. Juni | junij

PATROZINIUM | PATROCINIJ
Hl. Maria | sv. Marija

FILIALKIRCHE | PODRUŽNIČNA CERKEV
Alte Pfarrkirche | stara farna cerkev
Hl. Ulrich | sv. Urh

KAPELLEN | KAPELE
Ulrichskapelle | Urhova kapela
Sedlce-Kapelle | kapela na Sedlcah
Friedhofskapelle | pokopališka kapela

Die neue Pfarrkirche liegt unterhalb der alten Ulrichskirche. Sie ist ein moderner Neubau aus dem Jahr 1960 des Architekten Janez Oswald. Über rechteckigem Grundriss erstreckt sich der Glasbetonbau mit einem zur alten Pfarrkirche gerichteten und durchfensterten Bauteil unter schrägem Flachdach. Die Außenmauern sind mit großflächigen Fensterbahnen mit abstrakten Glasmalereien durchbrochen.

Nova farna cerkev, sodobna novogradnja iz l. 19670 arhitekta Janeza Oswalda, stoji pod staro cerkvijo sv. Urha. Nad pravokotnim tlorisom se razteza zgradba iz steklenega betona z zasteklenim delom pod poševno ravno streho, usmerjenim proti stari cerkvi. V zunanjih zidovih so vzidana velikoploskovna okna z abstraktnimi poslikavami stekel.

DEKANAT

Friesach

Dobritsch • Feistritz ob Grades • Friesach • Gaisberg • Grades • Grafendorf bei Friesach • Hohenfeld • Ingolsthal • Kärntnerisch-Laßnitz • Metnitz • Micheldorf • Oberhof • St. Salvator • St. Stefan bei Dürnstein • Zeltschach • Zienitzen

Dobritsch

PATROZINIUM
Hl. Martin von Tours

Die Kirche ist ein barockisierter gotischer Bau und liegt in 1167 Meter Seehöhe am Bergkamm. Urkundlich 1394 genannt. Das Langhaus verfügt über barocke Fensteröffnungen um 1780 und einen genuteten Fassadendekor. Der barocke Westturm ist dem Bau vorgestellt. Im Inneren überdeckt eine Flachdecke von 1965 das Langhaus. Im Polygonalchor spätgotisches Netzrippengewölbe auf Konsolen von 1522.

Feistritz ob Grades

ANBETUNG
3. Juni

PATROZINIUM
Hl. Martin von Tours

Die Kirche hat romanisches Mauerwerk im Langhaus, einen spätgotischen Chor aus der 1. Hälfte des 16. Jahrhunderts mit Maßwerkfenstern, einen mächtigen spätgotischen Nordturm und eine barocke Vorhalle. Urkundlich zwischen 1090 und 1106 erstmals erwähnt. Seit 1131 Pfarre. Das Christophorusfresko an der Südwand entstand 1480/90. Im Inneren bedeckt eine Flachdecke das Langhaus mit Stuckrahmen und Deckenmalereien aus der 2. Hälfte des 18. Jahrhunderts. Im Polygonalchor spätgotisches Sterngratgewölbe auf Runddiensten. Im Friedhof steht ein sechseckiger Karner aus dem 14. Jahrhundert.

Friesach

ANBETUNG
24. August

PATROZINIUM
Hl. Bartholomäus

FILIALKIRCHEN
Peterskirche am Petersberg Hl. Petrus **Annakapelle auf dem Geiersberg** Hl. Anna **Hartmannsdorf** Hl. Thomas **Heiligenblutkirche (Seminarkirche)** Heiliges Blut

REKTORATE
Dominikanerkirche Hl. Nikolaus
Deutschordenskirche Hl. Blasius

KAPELLE
Friedhofskapelle Hl. Kreuz

Die romanische Pfeilerbasilika des 12. Jahrhunderts mit markantem Westwerk und Doppelturmfassade und der schlanke Langchor aus dem 1. Viertel des 14. Jahrhunderts prägen das Gesamtbild. Urkundlich 1187 erstmals erwähnt. Veränderungen nach vielen Bränden, maßgebliche neoromanisierende Restaurierung von 1896-1912. Das basilikal erhöhte Mittelschiff wird von Seitenschiffen mit Obergeschossen des 17. Jahrhunderts flankiert. Im Inneren Basilika mit Pfeilerarkaden, darüber Netzrippengewölbe des 15. Jahrhunderts, bezeichnet „1441". Im Chor frühgotisches Kreuzrippengewölbe über Runddiensten.

Gaisberg

ANBETUNG
30. September

PATROZINIUM
Hl. Georg

An den kleinen im Kern romanischen Kirchenbau mit quadratischem Chorjoch wurde im frühen 15. Jahrhundert ein Polygonalchor mit Strebepfeilern angebaut. Urkundlich 1283 genannt. Der um 1450 im Westen vorgestellte Turm trägt eine barocke Zwiebelhaube. Im Norden ist eine gotische, im Süden eine barocke Sakristei angebaut. Im Langhaus befindet sich ein barockes Muldengewölbe, im Chor ein spätgotisches Sternrippengewölbe mit skulptierten Kapitellen und Schlusssteinen über kurzen Konsoldiensten. Die dreibahnigen Maßwerkfenster im Chor zeigen beachtliche Glasmalereien von 1420/30.

Grades

ANBETUNG
29. November

PATROZINIUM
Hl. Andreas

FILIALKIRCHE
St. Wolfgang Hl. Wolfgang

Der überwiegend romanische Bau des 12. Jahrhunderts verfügt über einen barockisierten, gerade geschlossenen Chor und einen mächtigen mittelalterlichen Westturm mit barockem Zwiebelhelm. Seit 1525 als Pfarre genannt. In den Langhausmauern sind hochliegende rundbogige Fenster als Gliederung der Fassaden angebracht. Die Vorhalle im Turmerdgeschoss ist kreuzgratgewölbt. Das Langhaus hat eine barocke Flachdecke. Ein romanischer Triumphbogen leitet zum tonnengewölbten Chor mit Stichkappen aus dem 17. Jahrhundert. Die Wandmalereien am Triumphbogen (Jüngstes Gericht, 4. Viertel 13. Jahrhundert).

Grafendorf bei Friesach

ANBETUNG
16. August

PATROZINIUM
Hl. Jakob der Ältere

FILIALKIRCHE
St. Mauritzen Hl. Mauritus

Die im Kern romanische Kirche wurde in der Spätgotik und im Barock baulich verändert. Die Substanz der Langhausmauern und der mächtige Turm mit Giebelspitzhelm reichen bis in die Romanik zurück. Urkundlich wahrscheinlich 1043 erwähnt, sicher im Jahr 1248 genannt. Unter hohem Satteldach des Langhauses befindet sich ein barockes Tonnengewölbe mit Stichkappen. Die Westempore stammt aus der Spätgotik wie auch das Westportal mit Rosetten. Der gotische Polygonalchor aus der 1. Hälfte des 15. Jahrhunderts verfügt über ein Sternrippengewölbe auf Konsolen mit reliefierten Schlusssteinen.

Hohenfeld

ANBETUNG
13. September

PATROZINIUM
Hl. Radegundis

FILIALKIRCHE
St. Magdalena
Hl. Maria Magdalena

KAPELLE
Schlosskapelle in Pöckstein

Die Kirche ist eine romanisch-gotische Anlage mit markantem spätgotischem Nordturm und romanischen Bauteilen. Urkundlich 1043 genannt, als Pfarre 1249 verzeichnet. Das mittelgroße Langhaus weist ein romanisches Stufenportal aus der Mitte des 12. Jahrhunderts auf und einen ebenso romanischen Triumphbogen zum querrechteckigen Chor, gleichbreit mit dem Langhaus. Die eingezogene kleine Apsis erhebt sich über einem Fünfzehntelschluss. Im Inneren ist der Raum mit einer Flachdecke von 1946 ausgestattet. Im Turmerdgeschoss befindet sich ein Sternrippengewölbe aus der Spätgotik.

Ingolsthal

ANBETUNG
4. August

PATROZINIUM
Hl. Gotthard

Die Kirche ist ein romanischer Bau mit eingezogenem quadratischen Chor und einem vorgestellten Westturm mit Pyramidenhelm. Urkundlich 1169 genannt, seit 1531 als Pfarre verzeichnet. Die Mauern des Gesamtbaus weisen barocke Rechteckfenster auf und zeigen keine speziellen Gliederungselemente. Im Süden Christophorusfresko vom Anfang des 16. Jahrhunderts. Im Langhaus und im Chor entdeckte man mittelalterliches Mauerwerk (Opus spicatum). Im Inneren befindet sich eine Flachdecke, der Chor ist gerade geschlossen, kreuzgratgewölbt und mit ornamentaler Dekormalerei von 1594 ausgestattet.

Kärntnerisch-Laßnitz

ANBETUNG
31. Mai

PATROZINIUM
Hl. Jakobus der Ältere

Die Kirche ist in der Substanz ein gotischer Bau, der Ende des 18. Jahrhunderts maßgeblich verändert wurde. Die Anlage liegt malerisch von der Friedhofsmauer umgeben. Urkundlich 1326 genannt, zur Pfarre vor 1385 erhoben. Das Langhaus wird von Rundbogenfenstern gegliedert, der eingezogene Chor schließt gerade ab. Im Westen ist ein Turm vorgestellt mit geschweiftem Spitzhelm. Sein Erdgeschoß ist vorhallenartig durchbrochen. Das Innere verfügt über eine barocke Stichkappentonne, der Chor ist kreuzgratgewölbt.

Metnitz

ANBETUNG
5. März

PATROZINIUM
Hl. Leonhard

FILIALKIRCHEN
Kalvarienkapelle
Maria Höfl

KAPELLE
Mödring – Oswaldikapelle

Die weithin sichtbare Anlage besteht aus einer gotischen Kirche des 14. bis 16. Jahrhunderts mit romanischen Mauern, einem Karner aus dem 14. Jahrhundert mit Totentanzdarstellungen um 1500 und einer Wehrmauer. Als Pfarre erstmals 1121. Das Hallenlanghaus ist aus dem 15./16. Jahrhundert und wurde barockisiert. Der Polygonalchor hat Fresken vom Anfang des 14. Jahrhunderts. Der Turm ist gotisch, oben barockisiert mit spätbarocker Haube. Im Inneren Halle mit gestelztem Kreuzgratgewölbe über Rundpfeilern (um 1600). Im Chor Kreuzrippengewölbe über Wandvorlagen und skulptierte Schlusssteine.

Micheldorf

ANBETUNG
27. Oktober

PATROZINIUM
Hl. Veit

FILIALKIRCHE
Lorenzenberg Hl. Laurentius

Die barockisierte, gotisch umgebaute und im Kern romanische Kirche wurde im 19. Jahrhundert verändert. Urkundlich zwischen 1131-1167 genannt. Die Langhausmauern gehen auf die Romanik zurück, ein mächtiger Westturm wurde Mitte des 15. Jahrhunderts vorgebaut. Er verfügt über eine Vorhalle im Erdgeschoss und einen Spitzhelm. Im Inneren befindet sich ein Tonnengewölbe mit Stichkappen aus dem 18. Jahrhundert Die Deckenmalerei in Stuckfeldern von Primus Haberl 1869. Der Chor zeigt Pilastergliederung, schließt über halbkreisförmigem Grundriss und wurde im 19. Jahrhundert umgebaut.

Oberhof

ANBETUNG
6. März

PATROZINIUM
Hl. Nikolaus

KAPELLEN
Nikolauskapelle
Forsthaus Felfernig

Die kleine gotische Kirche mit einem markanten hölzernen Dachreiter liegt erhöht über dem Tal in 1016 Meter Seehöhe. Urkundlich 1405 genannt, als Pfarre seit 1787 verzeichnet. Der Bau stammt größtenteils aus dem 15. Jahrhundert und wurde barockisiert. Im Westen ist dem Langhaus ein Vorhallenbau mit rundbogigen Öffnungen vorgestellt. Der Polygonalchor verfügt über Kreuzgratgewölbe. Im Inneren ist das Langhaus flach eingedeckt.

St. Salvator

ANBETUNG
15. Dezember

PATROZINIUM
Hl. Salvator

FILIALKIRCHEN
St. Johann Hl. Johannes der Täufer
Staudachhof Hl. Rupertus

Die Kirche ist eine spätgotische Saalkirche vom Anfang des 16. Jahrhunderts, Teile von Vorgängerbauten des 14. und 15. Jahrhunderts wurden integriert. Urkundlich zwischen 1123 und 1130 erwähnt, als Pfarre erstmals 1285. Das Langhaus ist im Westen mit „1517" bezeichnet und gleich hoch mit dem Chor, beide unter einem mächtigen Satteldach. Der Turm nördlich des Chores verfügt über einen Spitzhelm. Die Vorhalle ist ein barocker Zubau. Im Inneren befindet sich ein Netzrippengewölbe über Pfeilern aus dem frühen 16. Jahrhundert und im Chor ein Sternrippengewölbe mit Dekormalerei von 1531.

St. Stefan bei Dürnstein

ANBETUNG
18. August

PATROZINIUM
Hl. Stefan

FILIALKIRCHEN
Herz-Jesu Kapelle in Dürnstein
St. Jakob in der Wiegen Hl. Jakobus
Kalvarienbergkapelle

Der Bau ist eine spätbarocke Saalkirche aus der 2. Hälfte des 18. Jahrhunderts mit flacher Apside. Teile von älteren Vorgängerbauten sind im Turm und den Langhausmauern. Urkundlich 1124 und 1151 genannt. Der Turm mit Vorhalle im Erdgeschoss ist mit „1780" bezeichnet und trägt einen weithin sichtbaren Zwiebelhelm. Im Süden befindet sich ein spätgotisches Portal. Der Innenraum weist ein Kreuzgratgewölbe mit Korbbogengurten auf mit schlichten Rokoko-Stukkaturen. Der Karner ist ein kleiner spätgotischer quadratischer Bau von 1522 mit Dreiachtelschluss und Beinhaus.

Zeltschach

ANBETUNG
5. August

PATROZINIUM
Hl. Andreas

KAPELLEN
Wegkapelle
Wegkapelle in Wagendorf

Die romanisch-gotische Anlage des späten 12. bis 2. Hälfte des 15. Jahrhunderts liegt auf einem Hügel und hat ihren mittelalterlichen Charakter erhalten. Urkundlich zwischen 1060 und 1088 erstmals genannt. Der Turm zwischen Langhaus und Chor stammt aus dem 3. Viertel des 12. Jahrhunderts und wurde um 1900 historisierend erneuert. Der Chor ist aus dem 14./15. Jahrhundert und wie das Langhaus von Strebepfeilern umstellt. Im Westen befindet sich ein spätgotisches Spitzbogenportal. Im Inneren überspannt ein Netzrippengewölbe vom Ende des 15./Anfang des 16. Jahrhunderts mit Dekor den Raum.

Zienitzen

ANBETUNG
21. März

PATROZINIUM
Hl. Georg

Die gotische Kirchenanlage aus dem 14. und 15. Jahrhundert wird von einer Mauer umgeben und liegt weithin sichtbar auf einem Hügel. Urkundlich als Pfarre 1404 genannt. Der mächtige Westturm mit Spitzhelm prägt das äußere Erscheinungsbild und hat eine gratgewölbte Turmhalle. Der Polygonalchor wird von Strebepfeilern umstellt und verfügt über ein Beinhaus im Untergeschoss. Im Inneren ist das Langhaus flach gedeckt. Im Chor befinden sich Gratgewölbe und Wandmalereireste vom Anfang des 15. Jahrhunderts.

DEKANAT

Gmünd-Millstatt

Altersberg • Bad Kleinkichheim • Döbriach • Gmünd • Kaning • Kremsalpe • Kremsbrücke • Leoben • Lieseregg • Malta • Millstatt • Nöring • Obermillstatt • Radenthein • Seeboden • St. Oswald ob Bad Kleinkirchheim • St. Peter im Katschtal • St. Peter ob Radenthein • Treffling

Altersberg

ANBETUNG
18. Mai

PATROZINIUM
Hl. Luzia

Der klein dimensionierte rechteckige, barocke Kirchenbau aus dem 17./ frühen 18. Jahrhundert verfügt über einen spätgotischen Chor mit Fünfachtelschluss. Daran wurde eine rechteckige, barocke Sakristei gebaut und darüber ein Fassaden-Westturm mit Zwiebelhelm im Jahr 1864 errichtet. Im Inneren befinden sich an den Chorwänden Wandmalereien aus dem 2. Viertel des 15. Jahrhunderts. Das Rundbild an der Flachdecke im Langhaus mit Darstellung des Heiligen Georg malte 1907 Martin Ladinig.

Bad Kleinkirchheim

ANBETUNG
25. Mai

PATROZINIUM
Hl. Ulrich

FILIALKIRCHE
St. Katharina im Bade

KAPELLE
Jakobskapelle

Der massige Rechteckbau geht auf romanisch-gotische Vorgängerbauten zurück wurde nach einem Brand von 1743 umfassend erneuert. 1806 renoviert. Ein hohes Satteldach überdeckt das 4achsige Langhaus. Die Kirche verfügt über ein gotisches Nordportal und eine attraktive spätbarocke Pilastergliederung an allen Außenfassaden. Der Turm mit Zwiebelhelm und Uhrengiebel wurde 1837 erneuert. Die Saalkirche verfügt über ein schlichtes Tonnengewölbe und einen quadratischen Chorraum mit gemalten Pilastern. Die barocke Totenkapelle im Friedhof wurde 1746 erbaut.

Döbriach

ANBETUNG
20. Oktober

PATROZINIUM
Hl. Ägidius

Die spätgotische Kirche aus der 2. Hälfte des 15. Jahrhunderts hat ein barockisiertes Langhaus über rechteckigem Grundriss und einen barock veränderten Nordturm mit Zwiebelhelm. Der Chor hat einen Fünfachtelschluss und Maßwerkfenster. Vor dem spätgotischen Westportal befindet sich eine barocke Laube auf Pfeilern. Der einjochige Chor verfügt im Inneren über ein Sternrippengewölbe auf halbrunden Diensten. Die Schlusssteine sind mit Wappen bemalt. Die Stern- und Rankenmalerei wurde im 16. Jahrhundert aufgetragen. Das Langhaus ist mit einer barocken Flachdecke ausgestattet.

Gmünd

ANBETUNG
8. Oktober

PATROZINIUM
Mariä Himmelfahrt

FILIALKIRCHEN
Eisentratten Christus Friedenskönig
Trebesing St. Margareth
Kreuschlach Hl. Bartholomäus

KAPELLEN
Florianikapelle in Eisentratten Hl. Florian
Kreuzbichl Heiligenkreuz **Michaelskapelle** Hl. Michael **Kalvarienbergkapelle** Hl. Salvator

Die Kirche besteht aus dem spätgotischen Hallenlanghaus 1499-1513 (Baumeister war vermutl. Andreas Bühler) und dem gotischen Langchor von 1339. Die beiden Seitenschiffe enden in polygonalen Nebenchören. Die spätgotische Rosenhaimer-Kapelle ist südlich des Langhauses, die Raitenau-Kapelle östlich an die Apside des Hauptchores angebaut. Der Turm im Norden (Stadtmauer) wurde 1886/87 auf gotischen Fundamenten errichtet, nachdem er 1792 abbrannte. Um 1600 entstand die quadratische Vorhalle. Im Inneren spannt sich ein Netzrippengewölbe mit durchlaufenden Rippen über sechs Achteckpfeilern.

Kaning

ANBETUNG
30. Oktober

PATROZINIUM
Hl. Johannes der Täufer

Die Anlage ist ein charakteristischer spätgotischer Bau mit Strebepfeilern, mächtigem Nordturm samt hohem Spitzgiebelhelm und einem Polygonalchor aus der Mitte des 15. Jahrhunderts (1444-1455). Sie wird von einer Mauer und Friedhof umgeben. Außen an der Chorwand im Süden befindet sich ein Christophorusfresko, datiert 1515. Es wird dem Maler Urban Görtschacher zugeschrieben. Im Chor befindet sich ein Netzrippengewölbe mit spätgotischer Bemalung um 1500. Viele Details im Inneren verweisen in die Zeit der Spätgotik, wie die Sakramentsnische im Chor, die Sakristeitüre und der Taufstein.

Kremsalpe

PATROZINIUM
Hl. Andreas

Die Knappenkirche liegt in 1467 Meter Seehöhe und ist ein spätgotischer Bau (urkundlich 1482 erwähnt). Der Chor verfügt über einen Dreiachtelschluss und Spitzbogenfenster. Der Nordturm trägt einen markanten Spitzhelm mit Uhrengiebel. Ein steiles Satteldach von 1898/99 charakterisiert den gesamten Sakralbau. Die Anlage ist von einer Mauer umgeben. Im Westen tritt man durch ein spätgotisches Schulterportal ins Innere. Das Langhaus ist mit Kreuzgratgewölben des späten 16. Jahrhunderts eingedeckt. Der Chor verfügt über Netzrippengewölbe auf Runddiensten und ist innen gerade geschlossen.

Kremsbrücke

ANBETUNG
31. März

PATROZINIUM
Maria Trost

FILIALKIRCHEN
St. Nikolai Hl. Nikolaus

Die frühbarocke Saalkirche wurde 1640/41 als Stiftung Kaiser Ferdinands III. erbaut und im Jahr 1646 geweiht. Die Anlage besteht aus drei Bauteilen, die alle gleich hoch sind. Der Chor verfügt über einen Viersechstelschluss. 1823 kam es zu einer Erweiterung und Verlängerung des Westteils vom Langhaus. Ein repräsentatives Dachreitertürmchen mit Zwiebelhelm bekrönt das Dach. Der Saalraum wird im Inneren durch toskanische Wandpfeiler gegliedert und von schmalen, hochrechteckigen Fenstern beleuchtet.

Leoben

PATROZINIUM
Hl. Johannes der Täufer

FILIALKIRCHE
Pleßnitz Hl. Johannes der Täufer

Der kleine spätbarocke Bau am Ufer der Lieser wurde in den Jahren 1752-1766 erbaut. Auch die Einrichtung stammt aus dieser Zeit. Seit 1783 ist Leoben Pfarre. Die Kirche wird vom Friedhof und einer Mauer umgeben. Am westlichen Friedhofstor befindet sich ein Wappen der Grafen Lodron mit einer ehemaligen Stiftungsinschrift aus dem Jahr 1804. Der leicht eingezogene Chor der Kirche verfügt über einen Fünfachtelschluss. Im Inneren ist das Langhaus durch ein Tonnengewölbe mit Stichkappen eingedeckt.

Lieseregg

ANBETUNG
3. Oktober

PATROZINIUM
Mariä Himmelfahrt

FILIALKIRCHE
Lieserhofen Hl. Laurentius

In einer ehemaligen Wehranlage über der Lieser liegt der spätgotische Bau aus der 2. Hälfte des 15. Jahrhunderts. Die Kirche wird in einer Urkunde des Freisinger Bischofs Abraham (957-993) erwähnt. Als Pfarre wurde Lieseregg 1138 genannt. Vom Langhaus kam das westlichste Joch Mitte des 17. Jahrhundert dazu, auch das südliche Seitenschiff ist barock. Der gotische Turm trägt einen Spitzhelm. An der Turmsüdseite frühbarocke Vorzeichnung eines monumentalen Christophorus. Im Inneren Netzrippengewölbe auf Wandpfeilern. In den Chorgewölbefeldern Rankenmalerei des 17. Jahrhunderts.

Malta

ANBETUNG
18. November

PATROZINIUM
Maria Hilf Assumptio

FILIALKIRCHE
Dornbach Hl. Katharina

Der gedrungene Bau wurde vom 13. bis 15. Jahrhundert erbaut. Ein Turm steht nördlich des Chores. Die erste Kirche am rechten Maltaufer wurde zwischen 1006 und 1039 urkundlich genannt. Der Polygonalchor mit Strebepfeilern wird 1349 erwähnt, der Bau des Langhauses 1463 begonnen. Das Christophorusfresko an der südlichen Choraußenwand ist aus dem 14. Jahrhundert. 2002 wurde neben anderen Fabelwesen eine Maus freigelegt. Das Langhaus ist mit Netzrippengewölben eingedeckt, die Schlusssteine sind mit Wappen geschmückt. Romanischer Rundkarner mit ausgebauchter Apsis südlich der Kirche.

Millstatt

ANBETUNG
1. Februar

PATROZINIUM
St. Salvator und Allerheiligen

FILIALKIRCHE
Kalvarienbergkapelle

KAPELLE
Laubendorf Mariä Schmerzen

Die ehemalige Stiftskirche ist eine mächtige frühromanische Pfeilerbasilika mit 3 Chorapsiden, gotischen Gewölben und Teil einer Klosteranlage. Die erste Kirche wurde um 800 gegründet. Der hohe Westbau wurde im 3. Drittel des 12. Jahrhunderts errichtet mit der darüber aufgebauten Doppelturmanlage (Helme 1670). Die Seitenchorkapellen wurden nach 1200 erbaut mit spätgotischen Veränderungen. Das Westportal entstand 1170 als Stufenportal und wurde im 13. Jahrhundert erweitert. Im Inneren sind Staffelhalle und Chor durch Netz- und Sternrippengewölbe gestaltet, die 1515-20 eingezogen wurden.

Nöring

PATROZINIUM
Hl. Erasmus

Der weithin sichtbare spätgotische Bau aus dem 15./16. Jahrhundert liegt malerisch in 1100 Meter Seehöhe. Die schlanken Strebepfeiler und der mächtige Nordturm mit Zwiebelhelm prägen das Erscheinungsbild. Die Kirche wird 1398 in einem Stiftsbrief erstmals genannt. Sie ist als einzige Kirche Kärntens dem heiligen Erasmus geweiht. Am Südportal weist die Inschrift 1517 auf ein Baudatum hin. Beim Erdbeben 1690 kam es zu Bauschäden. Das gotische Langhaus mit Wandpfeilern trägt eine barocke Flachdecke mit der Inschrift 1693. Im Inneren Reste gotischer Sternrippen- und Gratgewölbe.

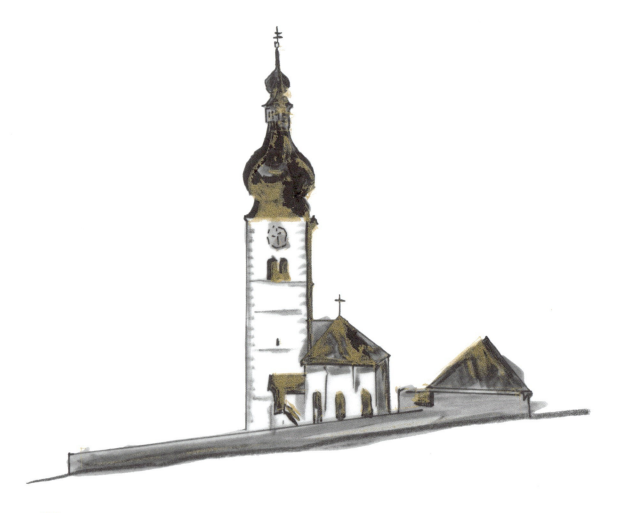

Obermillstatt

ANBETUNG
9. Dezember

PATROZINIUM
Hl. Johannes der Täufer

FILIALKIRCHE
Matzelsdorf Mariä Himmelfahrt (Wallfahrtskirche Maria Schnee)

Die schlichte barocke Saalkirche des 17. Jahrhunderts geht auf ältere Bauten zurück. Sie ist von Friedhof und Mauer umgeben. Urkundlich wird sie bereits 1060/1070 erwähnt, seit 1787 ist sie Pfarre. Der mächtige Südturm trägt eine Zwiebelhaube, die Uhren stammen von 1746. Im Westen ist eine Laube auf Pfeilern vorgebaut. Das Langhaus verfügt im Norden und Süden über Anbauten, die als „Querhaus" fungieren. Die Fassade ist durch zarte Pilaster gegliedert. Im Inneren war der Saalraum ursprünglich flach gedeckt und wurde 1935 durch eine Stichkappentonne mit Kreuzrippen auf Konsolen erhöht.

Radenthein

ANBETUNG
10. Dezember

PATROZINIUM
Hl. Nikolaus

Über romanisch-gotischen Grundmauern erhebt sich eine schlichte barocke Saalkirche aus dem 17. Jahrhundert mit breiter, gegliederter Knickgiebelfassade mit zarten Putzpilastern, Korbbogenfenster und einem Nordostturm von 1694 mit Zwiebelhelm. Sie liegt oberhalb des Ortes und ist von Friedhof und Mauer umgeben. Pfarre seit dem Jahr 1262. An der Südwand der Vorhalle befindet sich ein spätgotisches Fresko. Im Inneren der breitgelagerten Saalkirche befindet sich ein Tonnengewölbe und eine Gesimsband-Gliederung. Den Chor überspannt ein schirmartiges Gratgewölbe.

Seeboden

ANBETUNG
28. Mai

PATROZINIUM
Hl. Herz Jesu

FILIALKIRCHEN
St. Jakob Hl. Jakob
St. Wolfgang am Fratres Hl. Wolfgang

Die Basilika wurde nach Plänen von Hilde von Baravalle und Max Wochinz in den Jahren 1951/52 als Hl. Herz Jesu Friedens- und Versöhnungskirche erbaut und steht in der neuromanischen Tradition des frühen 20. Jahrhunderts. Seit 1964 ist sie Pfarre. Der mächtige Turm seitliche des Eingangs ist weithin sichtbar. Im Inneren ist der Langbau flach gedeckt und erzeugt einen hellen, weitläufigen Raumeindruck. Der Altarraum ist gerade geschlossen. Wandmalereien von Peter Brandstätter an der Altarwand und die Deckengemälde (christliche Symbole) von Hilde von Baravalle 1952.

St. Oswald ob Bad Kleinkirchheim

ANBETUNG
25. Mai

PATROZINIUM
Hl. Oswald

Die kleine spätgotische Kirche, die Anfang des 16. Jahrhunderts erbaut wurde, liegt idyllisch in 1325 Meter Seehöhe. Das Äußere wird durch eine charakteristische Architekturpolychromie an allen Bauteilen geprägt. Urkundlich wird die Kirche 1267 genannt. Das höhere Langhaus und der Polygonalchor weisen zum Teil Maßwerkfenster auf, südlich am Chor ein Christophorusfresko. An der Südwand sind Fresken von 1514, im Westen steht eine Laube. Der Turm im Norden trägt ein markantes Pyramidendach und Biforenschallfenster. Im Inneren befinden sich Netzrippengewölbe und polygonale Wandpfeiler.

St. Peter im Katschtal

ANBETUNG
12. April

PATROZINIUM
Hl. Petrus

FILIALKIRCHEN
St. Georgen Hl. Georg
Pölls

Der Rechteckbau der Anlage besteht aus 2 Bauteilen: im Westen spätgotischer Teil des Langhauses vom Anfang des 16. Jahrhunderts (gotischer Einstützenraum über quadratischem Grundriss) und aus querrechteckigem Ostteil, der zusammen mit dem Rechteckchor im 17. Jahrhundert erbaut wurde. Urkundliche Erwähnung 1351. Im Süden steht der repräsentative Turm mit großen Schallfensterpaaren und Spitzhelm. Das spätgotische Hauptportal befindet sich an der Südseite. Im Inneren breitet sich im Westen ein spätgotisches Sternrippengewölbe über einem Mittelpfeiler aus, der Chor ist kreuzgratgewölbt.

St. Peter ob Radenthein

ANBETUNG
12. März

PATROZINIUM
Hl. Petrus

FILIALKIRCHE
Feld am See Hl. Josef

Die Kirche liegt außerhalb des Dorfes am Hang und wurde 1212 urkundlich erwähnt. Vom gotischen Vorgängerbau nur Polygonalchor und massiger Südturm aus dem 15. Jahrhundert erhalten und erneuert. Die Anlage ist von einer befestigten (Wehr-?)Mauer umgeben. Der Chronik nach wurde die Kirche 1481 gegen die Türken befestigt. Im März 1951 zerstörte ein Brand die alte Bergkirche soweit, dass nur mehr eine Ruine stehen blieb. Sie wurde wiederaufgebaut und am 26. Juli 1953 eingeweiht. Im Inneren sind Chor und Langhaus durch eine Holzdecke flach eingedeckt.

Treffling

ANBETUNG
6. November

PATROZINIUM
Hl. Leonhard

FILIALKIRCHE
Tangern Hl. Petrus

Der spätgotische Kirchenbau erhielt sein Erscheinungsbild ab 1454, als Chor und neuer Altar geweiht wurden. Urkundlich wird die Kirche 1060-76 erwähnt. Das schmale Langhaus, das im Süden durch drei zweibahnige Maßwerkfenster belichtet wird, wurde 1518 fertig. An der Westseite steht die Vorhalle mit abgewalmtem Dach über mächtigen Rundpfeilern. Der massige Nordturm trägt einen hohen Spitzhelm. Im Inneren überzieht ein Netzrippengewölbe das Langhaus, der nach Süden verschobene Chor hat einfache Kreuzgratgewölbe. 1648 wird die Anlage als baufällig beschrieben. Weitere Restaurierung 1874.

DEKANAT

Greifenburg

Berg • Dellach im Drautal • Greifenburg • Irschen • Lind im Drautal • Oberdrauburg • Ötting • Sachsenburg • Steinfeld-Radlach • Waisach • Zwickenberg

Berg

ANBETUNG
2. Juli

PATROZINIUM
Mariä Geburt

FILIALKIRCHEN
St. Athanas Hl. Athanasius
Emberg 14 Nothelfer

KAPELLEN
Feistritz Maria Hilf
Frallach Goppelsberg Hl. Notburga
Oberberg Maria Heimsuchung

Die spätromanische Anlage, die im 15. Jahrhundert zur Wehrkirche umgebaut wurde, ist von Wehrmauer und Karner umgeben. Urkundlich erstmals 1267 erwähnt. Der Chor mit einer eingezogenen Halbkreisapsis hat die Form um 1300 außen und innen (Fresken) bewahrt, der Turm und das Langhaus wurden in der 2. Hälfte des 15. Jahrhunderts erhöht und ausgebaut. Im Westen ist ein romanisches Stufenportal, im Tympanon Zeichnung Ende 13. Jahrhundert. Am Langhaus Wandmalereien des 14./15. Jahrhunderts. Im Inneren befindet sich ein spätgotisches Sternrippengewölbe über 2 (ehemals 3) Oktogonalpfeilern.

Dellach im Drautal

ANBETUNG
20. Juli

PATROZINIUM
Hl. Margareta

KAPELLEN
Schlosskapelle Stein
Hll. Martin und Valentin
Draßnitzdorf Maria Sieben Schmerzen
Glatschach Mater dolorosa

Die spätbarocke Kirche verfügt über eine attraktive Fassadengliederung aus Pilastern, verkröpften Gesimsen und Kleeblattbogenfenstern. Im Westen befindet sich eine dreiachsige Volutengiebelfassade. Urkundlich erstmals 1421 erwähnt, zur Pfarre 1787 erhoben. Der Chor ist im Kern aus der Spätgotik mit Wandmalerei aus dem späten 15. Jahrhundert. Im Inneren verfügt die Wandpfeilerkirche über Platzlgewölbefelder mit Gurtbögen vom Ende des 18. Jahrhunderts. Die Wandmalereien wurden von Christoph Brandstätter 1829 gefertigt.

Greifenburg

ANBETUNG
30. Juli

PATROZINIUM
Hl. Katharina

KAPELLEN
Gnoppitz Seligste Jungfrau Maria
Friedhofskirche Hl. Vitus

Die Kirche in Hanglage ist eine um 1700 barockisierte spätgotische Anlage von Baumeister Lorenz Rieder 1521 vollendet. Urkundlich 1229 genannt, der Polygonalchor wurde 1516 geweiht. Der gotische Turm nördlich des Chores trägt einen barocken Zwiebelhelm. Außen befinden sich klassizistische Pilaster und Mäanderfriese an allen Fassaden. Das hohe Hallenlanghaus verfügt im Inneren über massive Oktogonalpfeiler, ein Tonnengewölbe mit Stichkappen und zarte Stuckornamentik. Der Chor hat Netzrippengewölbe über halbrunden Wandvorlagen. Die Raumfassung stammt von 1840.

Irschen

ANBETUNG
24. November

PATROZINIUM
Hl. Dionysius

FILIALKIRCHE
Simmerlach Hl. Anna

KAPELLEN
Rittersdorf Hl. Andreas
St. Johann im Walde Hl. Johannes
Potschling St. Salvator
Suppersberg Schmerzhafte Mutter Gottes

Die Kirche ist eine romanisch-gotische Anlage. Urkundlich 1190 genannt. Der quadratische Chor mit Apside aus dem 13. Jahrhundert und das gotische Langhaus sind von Strebepfeilern umstellt. Der markante Turm mit Spitzgiebelhelm ist aus dem 14./15. Jahrhundert mit einer Vorhalle 1839. Unter dem Chor befindet sich eine Krypta. Das Innere ist ein Zweistützenraum mit Sternrippengewölben über Wandpfeilern aus der 2. Hälfte des 15. Jahrhunderts mit floralem Rankenwerk. Der Chor ist kreuzrippengewölbt verfügt über Wandmalerei um 1330. Das Weltgerichtsfresko in der Apsis ist von 1520.

Lind im Drautal

ANBETUNG
8. März

PATROZINIUM
Hl. Bartholomäus

FILIALKIRCHEN
Gajach Hl. Andreas
Radlberg Mariä Himmelfahrt

KAPELLEN
Maria Hilf ob Lind
Siflitz
Fellbach Mariä Heimsuchung
Raggnitzhof Schloßkapelle

Die erhöht gelegene Wandpfeilerkirche ist eine gotische Anlage aus dem 14. und 15. Jahrhundert mit einem attraktiven spätbarocken Westteil samt Fassade von 1788. Urkundlich 1242 als Pfarre genannt. Der Chor mit Dreiachtelschluss stammt aus dem 14. Jahrhundert, das Langhaus wurde in der Spätgotik umgebaut. Der weithin sichtbare barockisierte Chor-Nordturm hat einen Zwiebelhelm. Die klassizistische Volutengiebelfassade wird von 4 ionischen Riesenpilastern gegliedert mit Wandgemälde im Giebel. Im Inneren befindet sich ein spätgotisches Netzrippengewölbe, der Chor ist kreuzrippengewölbt.

Oberdrauburg

ANBETUNG
26. Oktober

PATROZINIUM
Hl. Oswald

KAPELLEN
Johannes v. Nepomuk-Kapelle im Markt
Rosenberg Maria Hilf
Schrottenberg-Kapelle Schmerzhafte Muttergottes

Die spätbarock-klassizistische Kirche wurde 1805-1812 von Michael und Paul Köfler errichtet. Ein Brand 1747 vernichtete zum Großteil die gotische Vorgängerkirche von 1422. Urkundlich 1472 genannt. 1870 gab es wieder Schäden durch einen Brand, die 1886 wiederhergestellt wurden. Der Turm ist gotisch und hat einen neoklassizistischen Helm 1886. An den Fassaden klassizistische Lisenen- und Pilastergliederung, im Westen geschweifte Giebelmauer. Weitläufiger Innenraum mit Stichkappentonnengewölbe über Pilaster-Wandpfeilern. Die Gewölbemalereien von Christoph Brandstätter d. Ä. von 1809.

Ötting

ANBETUNG
25. November

PATROZINIUM
Hl. Georg

FILIALKIRCHE
Pirkach Heiligste Dreifaltigkeit Maria Rosenkranzkönigin

KAPELLE
Gailbergstöckl

Die gotische Kirche aus dem Ende des 14. und 15. Jahrhundert in Hanglage wurde mehrfach verändert, zuletzt alle Dächer nach einem Brand 1945. Urkundlich 1349 genannt. 1594 wurden die Protestanten vertrieben und um 1600 eine römisch- katholische Pfarre eingerichtet. Langhaus und Chor sind von Strebepfeilern umstellt, der mächtige Turm trägt einen Spitzhelm. Am Chor sind 3 mittelalterliche Lanzettfenster erhalten. Im Inneren befindet sich eine Flachdecke von 1945. Am Triumphbogen Wandmalerei von 1400 und aus dem 3. Viertel des 15. Jahrhunderts.

Sachsenburg

ANBETUNG
16. Dezember

PATROZINIUM
St. Margareta

FILIALKIRCHEN
Obergottesfeld Hl. Ruprecht
Kalvarienbergkapelle

KAPELLE
Hl. Grabkapelle

Die spätgotische Kirchenanlage am Vormarkt wurde im 15. Jahrhundert errichtet und ist von einer Mauer mit 2 spätgotischen Portalen umgeben. 1425 wurde eine Corpus-Christi-Bruderschaft bewilligt, 1449 zur Pfarre erhoben. Unter hohem Satteldach befindet sich das Langhaus, der eingezogene niedrige Chor ist von 3kantigen Streben umstellt. Der mächtige Turm in der Nordecke des Chores trägt einen Spitzhelm. Im Inneren verfügt die Wandpfeilerkirche über spätgotisches Sternrippengewölbe mit fächerartigen Gewölbeansätzen über Konsolen. Im Chor befinden sich Netzrippen über Wandpfeilern.

Steinfeld-Radlach

ANBETUNG
3. November

PATROZINIUM
Hl. Johannes der Täufer

FILIALKIRCHEN
Radlach in Steinfeld Hl. Martin
Lengholz Hl. Lambert
Gerlamoos Hl. Georg

KAPELLEN
Rottenstein Maria vom Guten Rate
Neusteinhof Hl. Antonius
Steinfeld Maria Hilf
Steinfeld Kalvarienbergkapelle

Der Bau ist eine barockisierte Chorturmkirche aus dem 14. Jahrhundert. Die barocken Umbauten erfolgten im 17. Jahrhundert und 1767 durch Philip Mayr, der das Langhausgewölbe errichtete. Das Langhaus wurde im Barock nach Süden verbreitert und mit Korbbogenfenstern ausgestattet. Der massige Chorturm trägt einen Spitzhelm. Im Inneren befindet sich eine Flachdecke mit Gesimsbändern und Stuckrahmenfeldern. Der gotische Chor verfügt über Kreuzrippengewölbe des 14. Jahrhunderts.

Waisach

ANBETUNG
17. Juni

PATROZINIUM
Hl. Nikolaus

FILIALKIRCHEN
Amlach Hlst. Dreifaltigkeit
St. Martin in Gatschach

KAPELLE
Waisach-Klosterkapelle
Göttliches Christkind

Die kleine gotische Kirche stammt aus der 1. Hälfte des 15. Jahrhunderts. Urkundlich 1267 genannt. Der Turm im südlichen Choreck trägt einen barocken Zwiebelhelm. An der schlichten Langhausfassade barocke Fresken der Kirchenväter. An der Chor-Südmauer befindet sich ein überlebensgroßes Wandgemälde um 1500 vom Hl. Christophorus. Im Inneren befindet sich ein Netzrippengewölbe des 15. Jahrhunderts über halbrunden Wandvorlagen. Der Polygonchor ist kreuzgratgewölbt über Wandvorlagen. Im Langhaus und Chor befinden sich Schlusssteine mit figürlichen Darstellungen.

Zwickenberg

ANBETUNG
27. Juni

PATROZINIUM
Hl. Leonhard

KAPELLE
Zur Schmerzhaften Muttergottes

Die im Kern romanische Kirche wurde spätgotisch umgebaut. Der quadratische Chor reicht bis ins 13. Jahrhundert zurück. Urkundlich 1334 genannt. Nördlich des Chores steht der spätgotische Turm mit Spitzgiebelhelm. An der Langhausmauer befinden sich Wandmalereien der Leonhardslegende aus der 1. Hälfte des 15. Jahrhunderts und ein Christophorusfresko aus dem 13. Jahrhundert. Im Inneren befindet sich ein spätgotisches Sternrippengewölbe über Wandpfeilern mit Runddiensten. Der romanische Triumphbogen leitet zum kreuzrippengewölbten Chor. Im Chorgewölbe Wandmalerei von 1438.

DEKANAT

Gurk

Altenmarkt • Deutsch-Griffen • Glödnitz • Gunzenberg • Gurk • Kraßnitz • Lieding • Pisweg • St. Georgen unter Straßburg • St. Jakob ob Gurk • Straßburg • Weitensfeld • Zammelsberg • Zweinitz

Altenmarkt

ANBETUNG
28. Juni

PATROZINIUM
Hl. Ämilianus

FILIALKIRCHEN
Brennitz Hl. Johannes der Täufer
St. Andrä Hl. Andreas

Die spätgotische Kirche hat in den Mauern romanische Substanz und wird von einer Wehrmauer und einem romanischen Rundkarner mit Kegeldach umgeben. Urkundlich 1043 als Pfarre genannt. Das Äußere besitzt einen beachtlichen Architekturdekor mit Friesen und Fensterrahmungen. Der erhöhte Chor aus der 1. Hälfte des 15. Jahrhunderts mit Strebepfeilern und der mehrfach erhöhte spätgotische Südturm (Helm 1873) prägen den gesamten Bau. Im Inneren überspannen Netzrippengewölbe aus der 2. Hälfte des 15. Jahrhunderts auf gekehlten Wandpfeilern den Raum. Das Christophorusfresko ist spätgotisch.

Deutsch-Griffen

ANBETUNG
13. Mai

PATROZINIUM
Hl. Jakobus der Ältere

FILIALKIRCHE
Spitalein Hl. Johannes der Täufer

KAPELLE
Friedhofskapelle Hl. Oswald

Die gotische Kirche und der achteckige Karner liegen wehrhaft von einer Mauer umgeben auf einem Hügel und wurden im 14. Jahrhundert erbaut. Im Kern ist die Anlage romanisch. Urkundlich wurde eine Kapelle 1157 erwähnt und ist seit 1218 Pfarre. Am Chor stehen 3stufige Strebepfeiler. Das Langhaus wurde 1697 nach Süden verbreitert, der gotische Westturm mit offener Vorhalle wurde 1638 erneuert. Im Inneren befindet sich eine Flachdecke, 6 gotische Rundpfeiler stützen die Empore. Im Polygonalchor sind Kreuzgratgewölbe und 3 Maßwerkfenster. Seit 1755 durch langen Steg mit Pfarrhof verbunden.

Glödnitz

ANBETUNG
16. September

PATROZINIUM
Hl. Margareta

FILIALKIRCHE
Flattnitz Hl. Johannes der Täufer

Die gotische Kirchenanlage liegt in einem Wehrkirchhof aus dem 3. Drittel des 15. Jahrhunderts mit einem integrierten spätgotischen Rundkarner unter geschweiftem Kegeldach. 1370 wurde das Patrozinium erstmals genannt, seit 1393 eigenständige Pfarre. Der Polygonalchor wurde gemeinsam mit dem mächtigen Südturm mit Spitzhelm um 1360/70 errichtet. Das Langhaus ist im Kern romanisch. Im ehemaligen flach gedeckten Inneren wurde in der 1. Hälfte des 16. Jahrhunderts ein spätgotisches Netzgratgewölbe über massiven Wandpfeilern errichtet. Die Gewölbemalereien von 1600 wurden wieder hergestellt.

Gunzenberg

ANBETUNG
14. März

PATROZINIUM
Hl. Florian

Die barockisierte Kirche liegt auf einem Hügel in 1030 Meter Seehöhe und verfügt über romanische und gotische Bauteile. Urkundlich erstmals 1449 erwähnt. Das Äußere wird durch den mächtigen gotischen Südturm mit spätbarocker Zwiebelhaube und den gotischen Polygonalchor geprägt. Schlichte Gliederungselemente sind an den Fassaden zu sehen. Der westliche Vorhallenzubau in Höhe und Breite des Langhauses kam im 19. Jahrhundert zum Bau. Im Inneren überspannt eine barocke Stichkappentonne das saalartige Langhaus. Das Turmerdgeschoss besitzt ein Sterngratgewölbe und ein romanisches Fenster.

Gurk

ANBETUNG
30. Dezember

PATROZINIUM
Mariä Himmelfahrt

FILIALKIRCHE
St. Peter ob Gurk Hl. Petrus

KAPELLEN
Dreifaltigkeitskapelle
Todesangst Christi-Kapelle

Die imposante Domkirche ist eine zwischen 1140 und 1200 erbaute hochromanische Pfeilerbasilika und zählt zu den bedeutendsten Bauten der Romanik in Österreich. Die Anlage wird durch die Doppelturmfassade im Westen mit Bischofskapelle, das Querhaus und den gleichmäßigen Dreiapsidenschluss im Osten geprägt. Unter dem Chorraum befindet sich eine 100-säulige Krypta, die 1174 geweiht wurde, mit dem Grab der Hl. Hemma von Gurk. Urkundlich 1174, Dom und Stift vor 1220 fertiggestellt, 1287 Neuweihe nach Brand. Netzrippengewölbe im Querhaus 1446 und um 1500 Sternrippengewölbe im Chorquadrat.

Kraßnitz

ANBETUNG
14. Juni

PATROZINIUM
Hl. Martin von Tours

FILIALKIRCHE
Höllein Hl. Leonhard

Die Kirchenanlage aus dem 15. Jahrhundert besteht aus einem hohen Chor und einem mächtigen Südturm, das Langhaus ist klein dimensioniert und gehört der romanischen Bauphase an. Urkundlich 1131 genannt. Am gotischen Chor befinden sich 3stufige Strebepfeiler und Maßwerkfenster. Der Fassadendekor des Turms stammt aus der 1. Hälfte des 16. Jahrhunderts, im Untergeschoss befindet sich ein Beinhaus. Im Inneren ist das romanische Langhaus durch eine Stichkappentonne mit Netzgraten aus dem 16. Jahrhundert eingewölbt. Den Polygonalchor überzieht ein Netzrippengewölbe auf Konsolen von 1458.

Lieding

ANBETUNG
9. April

PATROZINIUM
Hl. Margaretha

FILIALKIRCHE
Hausdorf Hl. Andreas

Die attraktive gotische Kirchenanlage aus dem 14. Jahrhundert liegt auf einem Hügel und besitzt Bauteile aus der Romanik (Stufenportal), sowie eine Hallenkrypta. Urkundlich 1043 genannt, seit 1131 Pfarre. Der fünfgeschossige Turm, Chor und Krypta wurden in der 1. Hälfte des 14. Jahrhunderts erbaut. Der erhöhte Chor besitzt Kreuzrippengewölbe und Glasmalereien von 1340/50. Die Krypta weist Kreuzgratgewölbe über Rundpfeilern auf. Das Langhaus ist in den Mauern romanisch und wird von einer spätgotischen Spitztonne mit Stuckrippen gewölbt. Der Karner ist ein quadratischer, spätgotischer Bau.

Pisweg

ANBETUNG
6. Juni

PATROZINIUM
Hl. Lambert

FILIALKIRCHE
Masternitzen Hll. Philippus und Jakobus

Der gotische Kirchenbau mitten im Ort gelegen verfügt vermutlich noch über romanisches Mauerwerk im Bereich des Langhauses. Urkundlich 1164 genannt. Am eingezogenen, gotischen Chor befinden sich 2stufige Strebepfeiler, der weithin sichtbare Turm südlich des Chores trägt einen Biedermeierhelm. Im Inneren wurde das Langhaus in der Spätgotik flach eingedeckt. Der Chor ist mit Stichkappen und Tonnengewölbe ausgestattet. Der frühgotische Karner mit Konsolapsis ist ein Rundbau aus dem 13. Jahrhundert. Im Inneren Wandmalereiausstattung um 1280 im sogenannten „späten Zackenstil".

St. Georgen unter Straßburg

ANBETUNG
26. März

PATROZINIUM
Hl. Georg

FILIALKIRCHE
Dobersberg Hl. Michael

Die barockisierte romanische Kirche ist ein kleiner Bau in Hanglage. Urkundlich 1044 genannt. Ein mächtiger Nordturm aus der Gotik mit Pyramidenhelm, der ein Kreuzrippengewölbe im Erdgeschoß hat, und eine Rundapside im Osten prägen das Gesamtbild. Die Fensteröffnungen haben barocke Formen. Das Westportal wurde im Barock eingebaut mit zweigeschossiger Vorhalle. Im Inneren trägt das Langhaus eine Flachdecke mit Stuckfeldern aus dem Spätbarock. Der Chor weist ein Konchengewölbe mit Stichkappen auf.

St. Jakob ob Gurk

ANBETUNG
15. März

PATROZINIUM
Hl. Jakobus der Ältere

Die stark im Barock erneuerte und im Kern romanische Kirche liegt in 1017 Meter Seehöhe. Urkundlich 1169 erwähnt, als Pfarre seit 1787 genannt. In den Außenmauern befinden sich kleine, unregelmäßige Fensteröffnungen. Im Spätbarock wurde nach der Erhebung zu Pfarre das Langhaus der Kirche nach Westen verlängert und der mächtige Westturm angebaut (Zwiebelhelm von 1970). Im Inneren sind das Langhaus und der quadratische Chor mit barocken Flachdecken eingedeckt.

Straßburg

ANBETUNG
6. Dezember

PATROZINIUM
Hl. Nikolaus

FILIALKIRCHEN
St. Stefan Hl. Stefanus
Heiligengeistkirche

KAPELLEN
St. Anna am Schlossberg
Burgkapelle Hl. Mauritius
Maria Loretto

Die Kirche ist ein gotischer Bau aus den Jahren 1432-1460, der 1630-43 prächtig umgebaut und vergrößert wurde. Urkundlich 1169 eine Kapelle erwähnt, seit 1229 als Pfarre verzeichnet. Die dreigeschossige barocke Giebelfassade mit Pilastern wurde 1640 errichtet, an das spätgotische Langhaus kamen Seitenkapellen dazu. Der Nordturm wurde 1464 fertig und trägt einen barocken Zwiebelhelm. Chor und Sakristei sind vom gotischen Bau erhalten. Im Inneren ist unter der Westempore ein spätgotisches Sternrippengewölbe. Das Langhaus wurde zur Wandpfeilerkirche mit Knickrippengewölbe umgestaltet.

Weitensfeld

ANBETUNG
16. Oktober

PATROZINIUM
Hl. Johannes Evangelist

FILIALKIRCHE
St. Magdalena Hl. Magdalena

Die gotische Kirche aus dem 14. und 15. Jahrhundert liegt von einer Wehranlage (Anfang 16. Jahrhundert) umgeben und wurde nach einem Brand Mitte des 16. Jahrhunderts erneuert. Urkundlich 1285 erwähnt. Der gotische Nordturm mit barockem Zwiebelhelm und der Chor aus der 1. Hälfte des 14. Jahrhunderts mit Strebepfeilern prägen das Erscheinungsbild, ebenso der gotische Karner aus der Mitte des 15. Jahrhunderts über achteckigem Grundriss mit markantem Zeltdach. Im Inneren der Kirche wölbt sich ein Stichkappentonnengewölbe mit Stuckrippen auf Wandpfeilern. Im Chor befindet sich ein Kreuzrippengewölbe.

Zammelsberg

ANBETUNG
1. Mai

PATROZINIUM
Hl. Georg

FILIALKIRCHE
Wullross Hl. Thomas

Die spätgotische Kirche wurde 1490-1500 erbaut und verfügt über einen markanten breiten Westturm mit Vorhalle und geschwungenem Spitzhelm und Maßwerkfenstern am Langhaus und Chor. Die Anlage wird von einer Wehrmauer umgeben mit integriertem Wehrturm. Urkundlich zwischen 1050-65 erwähnt, als Pfarre 1131 genannt. Die Fassaden am spätgotischen Langhaus, Chor und Turm weisen barocken Pilaster-, Quader- und Friesdekor um 1700 auf. Im Inneren befinden sich Sternrippengewölbe auf Runddiensten und ein spitzbogiger Triumphbogen. Der Chor hat ein Sternrippengewölbe und figürliche Schlusssteine.

Zweinitz

ANBETUNG
4. Juni

PATROZINIUM
Hl. Ägidius

KAPELLEN
Friedhofskapelle Hl. Michael
Dielach

Die romanische Kirche stammt aus dem 12./13. Jahrhundert und besteht aus einem schlichten einschiffigen Langhaus mit hoch angesetzten Trichterfenstern, einem quadratischen Chor und einer großen Rundapside mit Wandmalereiausstattung (um 1390) im Inneren. Urkundlich erwähnt 1169, nach einem Brand 1354 Wiederaufbau mit Hilfe eines Ablasses. Ein 1929 erneuerter Dachreiter ist über dem Langhaus angebracht. Das Westportal ist ein romanisches Stufenportal mit Flechtband und Konsolköpfchen. Den Innenraum überdeckt eine flache barocke Decke mit zarten Stuckfeldern aus der 2. Hälfte des 18. Jahrhunderts.

DEKANAT | DEKANIJA

Hermagor · Šmohor

Egg | Brdo • Feistritz an der Gail | Bistrica na Zilji • Förolach • Göriach | Gorje • Hermagor • Mellweg | Melviče • Mitschig • Rattendorf • Saak • St. Georgen im Gailtal • St. Lorenzen im Gitschtal • St. Paul an der Gail • St. Stefan an der Gail • Tröpolach • Vorderberg • Weißbriach

Egg | Brdo

ANBETUNG | VEDNO ČEŠČENJE
20. März | marec

PATROZINIUM | PATROCINIJ
Hl. Michael | sv. Mihael

FILIALKIRCHEN | PODRUŽNIČNE CERKVE
Almkapelle Hl. Maria Königin des Friedens
Götzing | Gocina - Hl. Johannes der Täufer
Micheldorf | Velika vas Maria Lourdes
Potschach | Potoče Hl. Maria

KAPELLEN | KAPELI
Fritzendorf | Limerče Hl. Chrysanthus
Mellach | Mele Hl. Maria

Die Kirche ist eine wehrhafte Anlage des 15. Jahrhunderts und verfügt über einen hohen Turm mit Spitzgiebelhelm. Der Bau ist nach Süden durch 2 Kapellen von 1480 erweitert. Urkundlich 1244 als Pfarre genannt. An der nördlichen Chorwand befindet sich ein Verkündigungs-Fresko „1488". Im Inneren überspannen Netzrippen das Langhausgewölbe und die Kapellen, die Chorrippen 1835 abgeschlagen und 1969 rekonstruiert.

Taborska cerkev iz 15. stoletja ima visok stolp s koničastim čelnim šlemom. Stavbo so podaljšali proti jugu z dvema kapelama iz l. 1480. V listini omenjena kot fara l. 1244. Na severni korni steni vidimo fresko oznanjenja „1488". Znotraj se raztezajo mrežasta rebra čez obok vzdolžne ladje in kapele. Korna rebra so l. 1835 odsekali in jih l. 1969 obnovili.

Feistritz an der Gail | Bistrica na Zilji

ANBETUNG | VEDNO ČEŠČENJE
26. November

PATROZINIUM | PATROCINIJ
Hl. Martin von Tours | sv. Martin Turski

FILIALKIRCHE | PODRUŽNIČNA CERKEV
St. Magdalena | sv. Magdalena

KAPELLE | KAPELA
Feistritzer Alm | Bistriška planina
Maria Schnee | Marija snežna

Die Kirche ist ein stattlicher spätgotischer Bau aus der 1. Hälfte des 15. Jahrhunderts mit einem ehemaligen massigen Wehrturm im Westen (nach Brand 1885 im oberen Teil neu aufgebaut). Urkundlich 1424 als Pfarre genannt. Im Polygonalchor befinden sich 4 Lanzettfenster mit Maßwerk. Eine Vorhalle von 1963 steht vor dem Turm. Im Inneren sind Sternrippengewölbe auf halbrunden Wandvorlagen, im Chor Sternrippengewölbe.

Cerkev je mogočna poznogotska zgradba iz 1. polovice 15. stoletja z nekdaj masivnim obrambnim stolpom na zahodni strani (po požaru 1885 so zgornji del obnovili). V listini omenjena kot farna cerkev l. 1424. V mnogokotnem koru najdemo 4 šilasta okna s krogovičjem. Pred stolpom je lopa iz l. 1963. Znotraj so zvezdastorebrasti oboki na polokroglih stenskih opornikih, v koru zvezdastorebrasti oboki.

Förolach

ANBETUNG
17. Oktober

PATROZINIUM
Hl. Jakob der Ältere

FILIALKIRCHEN
Presseggen Hl. Ruprecht
Görtschach Hl. Heinrich

Die im Kern gotische Anlage wurde im 18./19. Jahrhundert verändert und verfügt über einen Chor der 2. Hälfte des 15. Jahrhunderts. 1927 wurden eine Vorhalle und die beiden westlichen Langhausjoche neu erbaut. Urkundlich 1331 genannt. Der mächtige Nordturm prägt das Gesamterscheinungsbild und trägt einen oktogonalen Spitzhelm. Das westliche Langhaus wird durch den Emporenaufgang verbreitert. Am Chor ein Christophorusfresko und eine Kreuzigungsgruppe, beide sind 1521 entstanden. Im Inneren sind Gewölbe des 18./19. Jahrhunderts, im Chor spätgotisches Netzrippengewölbe über Runddiensten.

Göriach | Gorje

ANBETUNG | VEDNO ČEŠČENJE
3. April, 9. Oktober

PATROZINIUM | PATROCINIJ
Mariä Namen | Marijino ime

FILIALKIRCHE | PODRUŽNIČNA CERKEV
Hohenthurn | Straja vas Hl. Cyriacus | sv. Kirijak

KAPELLE | KAPELA
Friedhofskapelle | pokopališka kapela

Die einheitlich spätgotische Kirche wurde nach der Zerstörung durch die Türken im Jahr 1478 zwischen 1489 und 1516 neu errichtet und 1507 geweiht. Urkundlich 1312 oder 1316 gestiftet. Der prägnante Westturm trägt einen Spitzgiebelhelm und spätgotische Polychromie. Die Spitzbogenfenster besitzen teilweise ursprüngliches Maßwerk. Im Inneren sind Netzrippengewölbe über Wandvorlagen mit Blatt- und Tierkapitellen.

Enotno poznogotsko cerkev so po turškem uničenju l. 1478 med letoma 1489 in 1516 na novo pozidali in jo l. 1507 posvetili. Z neko listino je potrjeno, da je bila cerkev ustanovljena l. 1312 ali l. 1316. Pregnantni zahodni stolp ima koničast čelni šlem in poznogotsko polikromijo. Okna s koničastim lokom imajo deloma izvirno krogovičje. Znotraj so mrežastorebrasti oboki nad stenskimi oporniki s kapiteli v obliki listov in živali.

Hermagor

ANBETUNG
22. März

PATROZINIUM
Hll. Hermagoras und Fortunat

FILIALKIRCHEN
Maria Thurn Mariä Heimsuchung
Untervellach Hl. Magdalena
Obervellach Hlgst. Dreifaltigkeit
Möderndorf Hl. Martin **Guggenberg** Hl. Ulrich
St. Urban ob Möderndorf Hl. Urban
Radnig Hl. Katharina

KAPELLE
Schmerzhafte Mutter Gottes

Die in der Substanz spätgotische Hallenkirche (Weihe 1485) mit einem älteren Polygonalchor wurde 1904 nach einem Brand im historistischen Stil wiederhergestellt. Urkundlich 1169 genannt, der Vorgängerbau wurde nach dem Türkeneinfall 1478 wieder aufgebaut. Alle Mauern des Außenbaus besitzen romanisch-gotischen Architekturdekor mit Spitzbogenfriesen und Eckfialen von 1904. Im Inneren befinden sich spätgotische Netzrippengewölbe über Oktogonalpfeilern, im bedeutend niedrigeren Chor (des Vorgängerbaus) sind Kreuzrippengewölbe. Reiche Gewölbemalereiausstattung im Langhaus und Chor um 1485.

Mellweg | Melviče

ANBETUNG | VEDNO ČEŠČENJE
7. Oktober | oktobra

PATROZINIUM | PATROCINIJ
Hl. Gertraud | sv. Gertruda

FILIALKIRCHEN | PODRUŽNIČNE CERKVE
Dellach | Dule Hl. Ägid | sv. Egidij
Latschach | Loče Hl. Leonhard | sv. Lenart
Nampolach | Napole Hl. Kunigunde | sv. Kunigunda
Passriach | Pazrije Hl. Valentin | sv. Valentin

Die gotische Kirche wurde um 1400 erbaut und verfügt über einen massigen Südturm mit Spitzgiebelhelm. 1844 wurde das Langhaus um ein Joch nach Westen verlängert. An der Nordfassade befindet sich ein Fresko mit Kreuzigung und der Darstellung der Arma Christi um 1400. Im Inneren überdecken Netzrippengewölbe des 15. Jahrhunderts über Konsolen den Raum. Im Chor sind spätgotische Fenster mit Kielbogenmaßwerk.

Gotska cerkev je bila zgrajena okrog l. 1400 in ima masivni južni stolp s koničastim čelnim šlemom. Na severnem pročelju vidimo fresko križanja in Kristusove vojske iz časa okrog l. 1400. Znotraj prekrivajo prostor mrežastorebrasti oboki iz 15. stoletja; oboki so nad konzolami. V koru so poznogotska okna s krogovičjem v obliki hrbtičastega loka.

Mitschig

ANBETUNG
23. Mai

PATROZINIUM
Hl. Magdalena

FILIALKIRCHEN
Kraschach Hl. Nikolaus
Watschig Maria Hilf
Kühweg Hl. Athanasius

Der schlichte barocke Bau liegt erhöht auf einem Felsen und wurde stark renoviert. Die glatten Langhauswände mit Rechteckfenstern verfügen über keine Gliederungselemente. Über der Westfassade erhebt sich ein Dachreiter mit Spitzhelm. Moderne Vorhalle vor dem Westportal. Der niedrige Polygonalchor ist eingezogen. Im Inneren ist das Langhaus flach gedeckt, im Chor befindet sich eine Flachtonne mit gratigen Stichkappen.

Rattendorf

ANBETUNG
26. Juni

PATROZINIUM
Hll. Andreas und Markus

Die spätgotische Kirche vom Beginn des 16. Jahrhunderts verfügt über einen das Äußere prägenden Turm nördlich des Chores mit oktogonalem Spitzgiebelhelm. Urkundlich 1339 genannt. Die Langhausmauern sind ungegliedert. Im Chorschluss und an der Südseite befinden sich 2teilige Lanzettfenster mit ursprünglichem Maßwerk. Im Westen ein profiliertes spätgotisches Kielbogenportal. Im Inneren ist ein Wandpfeilersystem mit Netzrippengewölben, die Nordwand ist bezeichnet mit „15.M.82". Der Chor verfügt über ein Sternrippengewölbe aus Schlingrippen über Wandpfeilern mit gewundenen Säulchen.

Saak

ANBETUNG
17. Dezember

PATROZINIUM
Hl. Kanzianus

FILIALKIRCHE
Dobratsch Mariä Himmelfahrt

KAPELLEN
Wasserleonburg-Schlosskapelle Hl. Josef

Die spätgotische Kirche wird vom Friedhof umgeben und verfügt über einen leicht eingezogenen Chor, einen niedrigen Turm mit barocker Haube (1879 renoviert), eine breit gelagerte Vorhalle und eine beachtliche Heiliggrabkapelle von 1768. Die Chor- und Langhausmauern werden von Strebepfeilern gestützt. Der Chor verfügt über 3 Lanzettfenster mit ursprünglichem Maßwerk. Das Westportal wurde barockisiert. Wandmalerei im Süden von Anton Kolig 1929. Im Inneren befinden sich Netzrippengewölbe vom Beginn des 16. Jahrhunderts über Wandpfeilern und skulptierte Schlusssteine. Freskoreste um 1770.

St. Georgen im Gailtal

ANBETUNG
10. März, 24. Juni

PATROZINIUM
Hl. Georg

FILIALKIRCHEN
Kerschdorf Hl. Nikolaus
Tratten Hll. Luzia und Jodokus
Emmersdorf Hl. Bartholomäus

KAPELLE
Michelhofen Hl. Josef

Die Kirche wurde Ende des 15. Jahrhunderts errichtet und wird vom massigen im Kern romanischen Turm im nördlichen Chorwinkel geprägt. Sie liegt von Mauer und Friedhof umgeben. Urkundlich 1212 genannt, als Pfarre seit 1365 verzeichnet. Das Langhaus und der Chor sind von Strebepfeilern umstellt und verfügen über ursprüngliche Maßwerkfenster. Im Westen ist eine gemauerte barocke Pfeilervorhalle mit Emporenaufgang vorgestellt. Christophorusfresko von 1510/20. Im Inneren befinden sich Netzrippengewölbe über starken Wandpfeilern, der Triumphbogen ist mit „1512" bezeichnet.

St. Lorenzen im Gitschtal

ANBETUNG
4. November

PATROZINIUM
Hl. Laurentius

FILIALKIRCHE
Lassendorf Schmerzhafte Muttergottes

KAPELLE
Wegkapelle

Die im Norden des Ortes gelegene Kirche besteht aus einem spätgotischen Ostteil vom Beginn des 16. Jahrhunderts (Chor bezeichnet „1527" und Turm) und einem neu errichteten neogotischen Langhaus und Querhaus 1866-69 nach Plänen von Johann Waldner. 1756 wurde eine Missionsstation gegründet, 1770 wurde das Missionshaus errichtet, das bis 1959 als Pfarrhof neben der Kirche stand. Im Inneren befinden sich Kreuzrippengewölbe. Christophorusbild an der südlichen Außenmauer von 1665.

St. Paul an der Gail

ANBETUNG
21. Oktober

PATROZINIUM
Hl. Paulus

Die spätgotische Kirche verfügt über ein barockisiertes Langhaus und einen massigen Turm nördlich des Chores mit Pyramidenhelm. Urkundlich 1392 genannt, wurde vermutlich 1478 durch die Türken zerstört, 1498 kam es zur Weihe des wiedererrichteten Baus. Im Dreiachtel-Chorschluss 3 Lanzettfenster mit ursprünglichem Maßwerk, gemalter spätgotischer Fries aus Fischblasen und eingeschriebenen Vierpässen. Christophorusfresko um 1500. Das Langhaus ist im Inneren flach gedeckt. Der Chor besitzt Sternrippengewölbe über Konsolen (teilweise mit Köpfchen). Wandmalerei im Inneren um 1500 entstanden.

St. Stefan an der Gail

ANBETUNG
28. Oktober

PATROZINIUM
Hl. Stefanus

FILIALKIRCHEN
Kalvarienbergkirche
Steben
St. Anton auf der Windischen Höhe

Die spätgotische Kirche ist eine Staffelhalle und verfügt über einen Polygonalchor, einen weithin sichtbaren Turm nördlich des Chores mit Spitzgiebelhelm und zwei frühbarocke Kapellenzubauten. Urkundlich 1275 als Pfarre genannt, nach einer Überlieferung soll um 800 eine Eigenkirche erbaut worden sein. Spätgotische Baudetails sind am Außenbau, in der Giebelfront ist ein keltischer oder mittelalterlicher Steinkopf vermauert. Im Inneren befinden sich Netzrippengewölbe über Oktogonalstützen. Im Chor ist ein spätgotisches Netzrippengewölbe mit gemaltem Gewölbe.

Tröpolach

ANBETUNG
5. November

PATROZINIUM
Hl. Georg

FILIALKIRCHE
Schlanitzen Hl. Leonhard

KAPELLE
Nassfeld-Kriegergedächtniskapelle

Die ehemalige Chorturmkirche des 13. Jahrhunderts wurde in der Spätgotik und im Barock baulich verändert. Sie wird von einer Mauer umgeben. 1953 wurde das Langhaus nach Westen verlängert. Der mächtige Chorturm mit oktogonalem Spitzgiebelhelm und Eckquaderdekor prägt das äußere Erscheinungsbild. Urkundlich 1288 genannt, als Pfarre seit 1342 verzeichnet. 1976 durch Erdbeben schwer beschädigt. Am Langhaus befinden sich barocke Rundbogenfenster. Im Inneren überspannen spätgotische Netzrippen mit Wappenschlusssteinen das Gewölbe, im modernen Westteil ist eine Flachdecke.

Vorderberg

ANBETUNG
12. November

PATROZINIUM
Hll. Petrus und Paulus

FILIALKIRCHE
Wallfahrtskirche „Maria im Graben"

Die barockisierte spätgotische Kirche ist ein kleiner Bau mit mächtigem Südturm und Zwiebelhelm. Der Bau wurde in den Jahren 1803 (Fassadendekor) und 1863 maßgeblich renoviert. Urkundlich 1493 oder 1498 eine Weihe erwähnt. Im Westen ist dem Langhaus eine große Pfeilervorhalle vorgebaut mit einem Außenaufgang zur Empore. Im Inneren befindet sich eine barocke Flachdecke mit Stuckrahmenfeld, darin ist ein Marienkrönungsgemälde. Im Chor sind spätgotische Netzrippen über Kopfkonsolen. Blütenbemalung im Chorgewölbe vom Ende des 16. Jahrhunderts.

Weißbriach

ANBETUNG
8. November

PATROZINIUM
Hl. Johannes der Täufer

Die Kirche ist ein spätgotischer um 1520 entstandener Bau. Der weithin sichtbare Nordturm trägt einen Pyramidenhelm Das westliche Langhausjoch stammt aus späterer Zeit. Urkundlich erstmals 1331 erwähnt, 2 Altäre wurden 1485 nach einem Bericht von Paolo Santonino geweiht. Als Pfarre seit 1751 selbständig. Der Dreiachtelchor ist südlich aus der Achse verschoben. Lanzettfenster befinden sich am Langhaus und Chor. Im Inneren überspannen Sternrippen das Gewölbe über Wandpfeilern mit Rundvorlagen, im Chor ist ein Sternrippengewölbe. Wandmalerei von 1616 und 1620, Gewölbemalerei um 1600.

DEKANAT

Klagenfurt-Land

Hörzendorf • Karnburg • Keutschach | Hodiše • Krumpendorf • Maria Saal • Maria Wörth • Moosburg • Pörtschach am Ulrichsberg • Pörtschach am Wörthersee • Projern • Schiefling am See | Škofiče • St. Martin am Ponfeld • St. Martin am Techelsberg • St. Michael am Zollfeld • Tigring

Hörzendorf

ANBETUNG
23. September

PATROZINIUM
Hl. Georg

FILIALKIRCHE
Streimberg
Hl. Johannes der Täufer

KAPELLE
Kapelle am Muraunberg
Maria Loreto

Die überwiegend gotische im Kern romanische Kirche wurde im Barock nach Westen verlängert und umgebaut. Urkundlich 1087 genannt. Die Anlage beinhaltet einen romanischen Rechteckkarner mit Rundapside und eine Umfassungsmauer. Die Kirche verfügt über einen mächtigen Turm mit barockem Obergeschoss und Spitzhelm an der Chor-Südseite. Zahlreiche Römersteine sind in den Außenmauern vermauert. Im Inneren befindet sich ein Tonnengewölbe mit Stichkappen und mit dekorierten Graten aus der 1. Hälfte des 16. Jahrhunderts. Im Chor ist ein Kreuzgratgewölbe und spätgotische Gewölbemalerei.

Karnburg

ANBETUNG
29. August

PATROZINIUM
Hll. Petrus und Paulus

FILIALKIRCHEN
Lind Hl. Martin
Annenkapelle Hl. Anna

Die Kirche (ursprünglich Pfalzkapelle) zählt zu den ältesten in Kärnten. Einzige für Österreich gesicherte karolingische Pfalz. Urkundlich 927 genannt. Der Bau verfügt über karolingisches Mauerwerk und „opus spicatum". Er ist durch die Sakristei mit der gotischen Annenkapelle verbunden. Fenster – und Portalöffnungen stark verändert. Im 14./15. Jahrhundert folgten Umbauten. Errichtung des mächtigen Westturms mit Vorhalle. Viele römische Relief- und Inschriftsteine als Spolien vermauert. Im Inneren ist eine Flachdecke von 1928. Der verzogene aus der Achse gerückte Chor ist kreuzgewölbt.

Keutschach | Hodiše

ANBETUNG | VEDNO ČEŠČENJE
7. Feber | februar

PATROZINIUM | PATROCINIJ
Hl. Georg | sv. Jurij

FILIALKIRCHEN | PODRUŽNIČNI CERKVI
St. Margarethen | Šmarjeta
St. Nikolai | Šmiklavž
Hl. Nikolai | sv. Nikolaj

Die romanische Pfeilerbasilika mit Chorturm von 1237-1242 wurde in der Spätgotik und im Spätbarock umgestaltet und erweitert. Urkundlich 1242 genannt. Vermutlich eine ehemalige Wehranlage. Der spätgotische Polygonalchor wurde an das Turmchorquadrat angebaut. Die Kapellen sind von 1525-34. Im Inneren befinden sich Kreuzgratgewölbe des 17. Jahrhunderts. Im erhöhten Chor ist ein Tonnengewölbe mit Stichkappen.

Romanska stebrna bazilika s korskim stolpom iz 1237-1242 je bila v pozni gotiki in v poznem baroku preoblikovana in razširjena. V listini omenjena l. 1242. Verjetno nekdanja taborska cerkev. Poznogotski mnogokotni kor je prizidan kvadratnemu korskemu stolpu. Kapele so iz let 1525-34. Znotraj vidimo grebenaste križne oboke iz 17. stoletja. V privzdignjenem koru je banjasti obok s sosvodnicami.

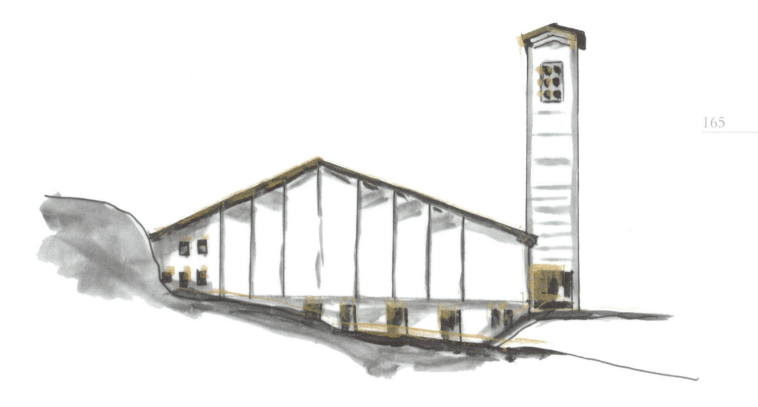

Krumpendorf

ANBETUNG
22. Juli

PATROZINIUM
Christkönig

FILIALKIRCHE
Pirk
Hl. Ulrich

Die moderne Kirche in Hanglage ist ein Stahlbetonbau und wurde anstelle eines Vorgängerbaus zwischen 1959 und 1962 von Alfons Nessmann neu errichtet. Über trapezförmigem Grundriss erhebt sich der markante Bau unter flachem Satteldach mit rhythmisierten vertikalen Abstufungen an der Südfassade. Seitlich steht ein weithin sichtbarer Glockenturm. Im zeltförmigen, lichtdurchfluteten Inneren tragen Stahlbetonpfeiler eine Satteldachkonstruktion mit Holzdecke. Neuordnung des Innenraums 2002 und 2007 Errichtung des „Platzes der Begegnung" vor der Kirche, beides von Felix Orsini-Rosenberg.

Maria Saal

ANBETUNG
8. September

PATROZINIUM
Mariä Himmelfahrt

FILIALKIRCHE
Arndorf
Hl. Leonhard

Die stattliche spätgotische Staffelhalle mit einer markanten weithin sichtbaren Doppelturmfassade wurde an der Stelle eines Vorgängerbaus errichtet und zählt zu den ältesten Kirchen Kärntens. Vom ehemaligen karolingischen und romanischen Bau sind keine sichtbaren Reste erhalten. Urkundlich 860 erwähnt, als Urpfarre mit Besitzungen ausgestattet. 1430 wurde der Chor und das Querschiff, 1450-59 das Langhaus erbaut und zur Wehranlage erweitert (Angriff der Ungarn 1480 abgewehrt). 1669 Zerstörungen durch Brand, 1670/74 Wiederherstellung. Im Inneren sind Schling- und Netzrippengewölbe.

Maria Wörth

ANBETUNG
29. Oktober

SLOWENISCHE MESSE
15. August

PATROZINIUM
Hll. Primus und Felizian

FILIALKIRCHEN
St. Anna ob Reifnitz
Dellach
Hl. Theresia vom Kinde Jesu
Rosenkranzkirche

Die spätgotische Anlage ist ein im Kern romanischer Bau an der höchsten Stelle der Halbinsel. Das Ensemble besteht aus der ehemaligen Kollegialstiftskirche, der Winterkirche und dem spätromanischen Karner. Urkundlich 894 genannt, Urpfarre und Freisinger Missionszentrum, seit 1773 Pfarre. Der hohe Bau verfügt über einen niedrigen Chor über einer romanischen, in der Gotik veränderten Hallenkrypta und Nebenchor. Der schlanke Nordturm bestimmt das Äußere. Im Inneren der ungleichen Halle befinden sich Rundpfeiler, darüber barocke Gewölbe. Die Chöre verfügen über Netz- und Sternrippengewölbe.

Moosburg

ANBETUNG
19. Juli

PATROZINIUM
Hl. Michael

FILIALKIRCHEN
Dellach Hl. Valentin
Schlosskapelle

KAPELLE
Klein-Luschariberg Maria Hilf

Die barocke Saalkirche integriert einen spätgotischen Vorgängerbau. Umorientierung nach Westen und tiefgreifender Umbau fanden im 3. Viertel des 18. Jahrhunderts statt. Urkundlich 1368 genannt, 1479 Zerstörungen durch die Türken. Weitere Erneuerungen nach den Bränden 1872 und 1908. Die barocke Hauptfassade im Osten hat eine Riesensäulenordnung, die dem ehemaligen Ostabschluss vorgeblendet ist. Der ehemalige Chorturm, der nach Brand 1872 neu fassadiert wurde, thront mächtig über dem Langhaus. Im Inneren sind die gotischen Seitenchöre mit Stichkappentonnen und Kreuzgratgewölben ausgestattet.

Pörtschach am Ulrichsberg

ANBETUNG
7. Oktober

PATROZINIUM
Hl. Lambert

FILIALKIRCHEN
Tanzenberg
Zur Gottesmutter Maria
Möderndorf
Hll. Jakobus und Anna

Die barockisierte ehemalige romanische Chorturmkirche wurde in der 2. Hälfte des 15. Jahrhunderts zur Wehrkirche ausgebaut und liegt erhöht auf einem Ausläufer des Ulrichsbergs. Die Kirche wurde von Herzog Otto von Kärnten (978-83) gestiftet. Der wuchtige im Kern romanische Chorturm verfügt über ein barockes Glockengeschoss und einen Zwiebelhelm. Der Chor aus dem 16. Jahrhundert ist gerade geschlossen. An den Langhauswänden und am Chor sind barocke Rechteckfenster. Im Inneren befindet sich eine flache barocke Stichkappentonne auf Wandpilastern. Im Turmquadrat sind Fresken um 1400.

Pörtschach am Wörthersee

ANBETUNG
24. Juni

PATROZINIUM
Hl. Johannes der Täufer

FILIALKIRCHE
Goritschach
Hl. Oswald

Die Kirche ist ein in der Substanz spätbarocker Bau von 1787, vergrößert und völlig neu fassadiert in Neorenaissance-Formen nach Plänen von Josef Viktor Fuchs in den Jahren 1904-06 (einzigartig in Kärnten). Die Steinfiguren in den Nischen fertigte Konrad Campidell. Ein Fassadenturm erhebt sich über der streng gegliederten Westfassade mit geschweiftem Giebel. Der Vorgängerbau wurde urkundlich 1328 genannt, seit 1785 als Pfarre verzeichnet. Im Inneren befindet sich ein Tonnengewölbe mit Stuckfeldern und gemalten Bibelszenen. Die Wände verfügen über eine Neorenaissance-Gliederung.

Projern

ANBETUNG
24. September, 11. November

PATROZINIUM
Hl. Rupertus

FILIALKIRCHE
Karnberg Hl. Martin

KAPELLE
Karlsberg-Schloßkapelle
Hl. Karl Borromäus

Die im Kern romanische Kirche wurde in der Spätgotik und im Barock umgebaut und ergänzt und wird von einer Mauer umgeben. Urkundlich 1388 genannt. Sie verfügt über einen spätgotischen Chor und einen im Westen vorgestellten barocken Turm mit einem Spitzhelm von 1884. An den Außenmauern zahlreiche Römersteine mit Reliefs als Spolien vermauert. Die Fensteröffnungen stammen alle aus dem Barock. Im Inneren erstrecken sich im Langhaus und Chor barocke Kreuzgewölbe zwischen Gurten, der Triumphbogen ist romanisch.

Schiefling am See | Škofiče

ANBETUNG | VEDNO ČEŠČENJE
29. September | september

PATROZINIUM | PATROCINIJ
Hl. Michael | sv. Mihael

FILIALKIRCHE | PODRUŽNIČNA CERKEV
Albersdorf | Pinja vas
Hll. Ulrich und Martin | sv. Urh in Martin

Die kleine Saalkirche des 17. Jahrhunderts wurde im Jahr 1804 nach Westen verlängert und hat einen eingezogenen niedrigen barocken Chor. Urkundlich wird eine Florianikapelle 1369 erwähnt. Der Neubau erfolgte nach dem Patroziniumswechsel im 17. Jahrhundert. Die Westfassade verfügt über einen Fassadenturm von 1900. Im Inneren befindet sich ein Tonnengewölbe mit Stichkappen, im Chor ein Kreuzgratgewölbe.

Mala dvoranska cerkev iz 17. stoletja je bila l. 1804 razširjena na zahodni strani in ima vbočen nizek baročni kor. V listini iz l. 1369 je omenjena Florijanova kapela. Novogradnja je sledila menjavi zavetništva v 17. stoletju. Zahodno pročelje ima fasadni stolp iz l. 1900. V notranjosti je banjast obok s sosvodnicami, v koru pa grebenast križni obok.

St. Martin am Ponfeld

ANBETUNG
3. Mai

PATROZINIUM
Hl. Martin

FILIALKIRCHE
Grossbuch Hl. Lorenz

KAPELLE
Tentschach-Schlosskapelle
Hl. Nikolaus

Die kleine im 17. Jahrhundert barockisierte ehemalige romanische Chorturmkirche verfügt über einen massigen frühgotisch veränderten Ostturm mit Spitzgiebelhelm. Urkundlich 1193 und 1220 genannt, als Pfarre seit 1499 verzeichnet, später wieder Filiale. Eine breite Vorhalle im Westen unter Schindelwalmdach von 1724 vor dem gotischen Spitzbogenportal. An den Langhausmauern barocke Fensteröffnungen und modernes Wandbild des Hl. Christophorus von Werner Lössl. Im Inneren befinden sich gratige Kreuzgewölbe von 1638 mit Gewölbedekorationen (am Langhaus außen bezeichnet).

St. Martin am Techelsberg

ANBETUNG
21. Juni

PATROZINIUM
Hl. Martin von Tours

FILIALKIRCHEN
St. Bartlmä Hl. Bartholomäus
Ebenfeld Hl. Vitus
Tibitsch Hl. Georg

KAPELLEN
Josefikapelle im Forstwald Hl. Josef
Hubertuskapelle in Arndorf Hl. Hubertus

Die Mitte des 18. Jahrhunderts barockisierte ehemalige romanische Chorturmkirche verfügt über einen spätgotischen Chor. Urkundlich 1319 genannt. Der Turm aus der 1. Hälfte des 13. Jahrhunderts hat ein neoromanisches Glockengeschoss von 1889. Am Langhaus sind barocke Rechteckfenster, Vorhalle mit Opfertisch und Opferstall. Das barocke Christophorusfresko wurde im 19. Jahrhundert übermalt. Im Inneren ist ein Flachtonnengewölbe mit Stichkappen über Pilastern. Ein romanischer Rundbogen leitet zum kreuzrippengewölbten Chor. Die Wandmalerei von Anton Zoller aus der 1. Hälfte des 18. Jahrhunderts.

St. Michael am Zollfeld

ANBETUNG
19. März

PATROZINIUM
Hl. Michael

FILIALKIRCHE
Possau Hll. Primus und Felician

KAPELLEN
Töltschach Hl. Johannes der Täufer
Meiselberg Hl. Dreifaltigkeit

Die in der Substanz romanische Kirche (Langhaus) wurde in der Spätgotik durch Chor und hohen Turmneubau ergänzt und zur Wehrkirche mit Wehrobergeschoss ausgebaut. Nach einem Brand von 1739 wurde das Innere barockisiert. Urkundlich 1162 genannt. Die Südseite des Baus wurde durch eine gotische Sakristei und eine barocke Vorhalle verbreitert. Zahlreiche römische Spolien im Mauerwerk integriert. Im Inneren befindet sich eine Flachdecke mit Akanthusrankenstuck von Kilian Pittner um 1710, das Deckengemälde von Anton Zoller stammt aus dem 2. Viertel des 18. Jahrhunderts. Im Chor ist ein Sternrippengewölbe.

Tigring

ANBETUNG
26. Juli

PATROZINIUM
Heiliger Ägidius

FILIALKIRCHEN
Faning
Freudenberg
Nußberg

Die gotische Kirche des 14. Jahrhunderts wird von einer Mauer und einem romanischen Rundkarner umgeben und wurde in der 2. Hälfte des 15. Jahrhunderts zur Wehrkirche umgestaltet. Im Barock kam es zur Erneuerung des Langhausgewölbes. Urkundlich 1136 genannt (Weihe). Der mächtige südseitige Turm prägt das Erscheinungsbild. Er verfügt über Schießscharten und einen oktogonalen Spitzhelm. Turm und Chor besitzen ein Wehrobergeschoss. Die barocke Antoniuskapelle wurde 1670 erbaut. Im Inneren befindet sich eine flache barocke Putzdecke, Wandmalerei aus der 2. Hälfte des 14. Jahrhunderts.

DEKANAT

Klagenfurt-Stadt

Ebenthal • Klagenfurt-Annabichl • Klagenfurt-Dom • Klagenfurt-St. Egid • Klagenfurt-St. Hemma • Klagenfurt-St. Jakob an der Straße • Klagenfurt-St. Josef-Siebenhügel • Klagenfurt-St. Martin • Klagenfurt-St. Modestus • Klagenfurt-St. Peter • Klagenfurt-St. Ruprecht • Klagenfurt-St. Theresia • Klagenfurt-Welzenegg • St. Georgen am Sandhof • Viktring-Stein • Klagenfurt-Wölfnitz • Župnija sv. Cirila in Metoda | Slowenisches Pastoralzentrum

Ebenthal

ANBETUNG
1. April

PATROZINIUM
Maria Hilf und Hll. Petrus und Paulus

KAPELLE
Kapelle im Schloss des Grafen Goess

Die einheitlich spätbarocke Kirche mit markanter Doppelturmfassade wurde um 1766-1770 erbaut. Weihe im Jahr 1770, als Pfarre seit 1905 verzeichnet. Alle Fassaden sind durch eine Pilastergliederung rhythmisiert, im Westen prägt die Spitzgiebelfront mit Doppelturmpaar und Zwiebelhelmen das äußere Erscheinungsbild. Das weiträumige Innere ist einheitlich spätbarock gestaltet. Platzlgewölbe überspannen das Schiff, die Seitenkapellen sind flachbogig geschlossen. Im Chor sind Platzlgewölbe mit nord- und südseitigen Oratorieneinbauten. Die Gewölbemalerei stammt von Gregor Lederwasch (1766).

Klagenfurt-Annabichl

ANBETUNG
28. Jänner, 1. Juli

PATROZINIUM
Zum Kostbaren Blut

FILIALKIRCHE
Tessendorf Hl. Bartholomäus

Der moderne schlichte Kirchenbau über rechteckigem Grundriss wurde 1964/65 anstelle einer Notkirche von 1928 errichtet. 1947 zur Pfarre erhoben. Der schlichte Außenbau wird durch hohe Rundbogenfenster in Dreiergruppen gegliedert. In der Südostecke ist ein Glockenturm eingestellt, der im Obergeschoss hochrechteckig durchbrochen ist. Im Inneren der Saalkirche und im gerade geschlossenen Chor befinden sich Flachdecken.

Klagenfurt-Dom

ANBETUNG
1. Jänner

PATROZINIUM
Hll. Petrus und Paulus

REKTORATE
Bürgerspitalkirche Hl. Sebastian
St. Elisabeth zu Klagenfurt Hl. Elisabeth
Marienkirche Unbefleckte Empfängnis
Župnija sv. Cirila in Metoda |
Pastoralzentrum für Slowenen

KAPELLEN
Kapelle im Gurkerhaus
Hauskapelle im Caritashaus

Die Domkirche wurde 1581-97 als evangelisches Bethaus errichtet und ist die größte protestantische Kirche Österreichs. 1604 Übergabe an die Jesuiten. Stilistische Zusammenhänge mit Johann Anton Verda (Klagenfurter Landhaus). Die Umgestaltung der Seitenkompartimente zu Kapellen erfolgte Anfang des 17. Jahrhunderts. Die Barockisierung des Innenraums 1660 prägt die Gesamterscheinung. Wiederherstellung nach einem Brand 1723. Seit 1787 Kathedrale des Bistums Gurk. Der mächtige Westturm beherrscht die Außenansicht. Das Innere besteht aus einem tonnengewölbten Emporensaal mit Stichkappen.

Klagenfurt-St. Egid

ANBETUNG
6. Jänner, 10. Juli

PATROZINIUM
Hl. Ägidius

REKTORATE
Kapuzinerkirche Hl. Maria
Heiligengeistkirche
Kreuzberglkirche Hl. Kreuz
Christkönigskirche

KAPELLE
LKH-Klagenfurt

Die repräsentative Emporenkirche mit markantem vorgestellten barocken Westturm wurde nach dem Brand des Vorgängerbaus zwischen 1692 und 1697 neu erbaut. Urkundlich eine Marienkirche 1255 genannt, Weihe des Neubaus 1697, Fertigstellung des sechsgeschossigen und 91,7 Meter hohen Turms 1709. Hoch dimensionierte Hallenkirche mit Emporen und gerade geschlossenem Chor. Neobarocke Fassadengestaltung 1893 durch Friedrich Schachner. Zahlreiche Grabplatten befinden sich an den Außenmauern. Im Inneren ist ein mächtiges Tonnengewölbe mit Stichkappen auf Pilastern aus Stuccolustro mit Kapitellen.

Klagenfurt-St. Hemma

ANBETUNG
12. Oktober

PATROZINIUM
Hl. Hemma

FILIALKIRCHE
Sankt Primus

KAPELLE
Franziskusschwestern – Hauskapelle

Die moderne Kirche ist ein kubischer Zentralbau unter einem Sheddach, der 1970 von Architekten Hermann Kompolscheck errichtet wurde. Weihe 1972, seit 1981 selbständige Pfarre. Erste Kärntner Pfarrkirche, die der Hl. Hemma geweiht wurde (Landesmutter Kärntens). Die ungegliederten schlichten Sichtbetonwände (innen und außen) erheben sich über quadratischem Grundriss, die Ecken sind abgeschrägt. Der freistehende Glockenturm wurde 1998/99 vom Architekturbüro Ferdiani & Gasser entworfen und mit 5 Glocken ausgestattet. Das Innere ist ein weitläufiger Saalraum und wurde 2005 umgestaltet.

Klagenfurt-St. Jakob an der Straße

ANBETUNG
21. Jänner

PATROZINIUM
Hl. Jakobus major

Die schlichte barockisierte im Kern gotische Kirche verfügt über einen weithin sichtbaren barocken Turmanbau im Südwesteck mit Zwiebelhelm von 1766. Urkundlich 1539 genannt, seit 1892 als Pfarre verzeichnet. An den Langhausmauern barock umgestaltete Fenster, im Westen eine offene Vorhalle auf Rundsäulen. Im Inneren befindet sich eine flache Putzdecke. Der Polygonalchor besitzt ein gratiges Kreuzgewölbe.

Klagenfurt-St. Josef-Siebenhügel

ANBETUNG
12. Jänner, 17. Juli

PATROZINIUM
Hl. Josef

REKTORAT
Don Bosco Hl. Don Bosco

Die 1951 von Architekten Walter Mayr erbaute moderne Kirche wurde an Stelle einer Notkirche von 1933 (von den Salesianern betreut) errichtet. Weihe 1952 und 1959 zur Pfarre erhoben. Der schlichte Bau mit Drillingsfenster ist nach Westen ausgerichtet und mit dem Pfarrhof verbunden. Ein hoher Vorbau mit Spitzgiebelfassaden steht quer zum Langhaus, davor befindet sich eine offene Arkadenvorhalle. Der Chor ist gerade geschlossen. Im Innenraum ist eine Trambalkendecke, den Chor bedeckt eine Kassettendecke.

Klagenfurt-St. Martin

ANBETUNG
26. August

PATROZINIUM
Hl. Martin von Tours

Die im Kern frühgotische Kirche wird durch den spätgotischen Chor und den weithin sichtbaren massigen Westturm mit barockem Zwiebelhelm geprägt. Urkundlich 1384 genannt, als Pfarre im 14. Jahrhundert und seit 1947 verzeichnet. Fast quadratische Vorhalle im Westen an den Turm gebaut. Am Polygonalchor von 1472 befinden sich Maßwerkfenster. Im Inneren überspannen spätgotische Rautensternrippengewölbe auf Runddiensten mit Blatt- und Kopfkonsolen das Langhaus und den Chor. Die Glasmalerei stammt von 1899.

Klagenfurt-St. Modestus

ANBETUNG
24. Juli

PATROZINIUM
Hl. Modestus

Der moderne niedrige Flachbau mit abgeschrägten Glockentürmchen über unregelmäßigem Grundriss wurde von den Architekten Alfons Nessmann und Ewald Kaplaner (Architekt der Fischlsiedlung) 1977 errichtet. Weihe 1978, zur Pfarre 1981 erhoben. Kirche, Kapelle, Pfarrkanzlei und Pfarrzentrum harmonisch zu einem Ganzen zusammengefügt. Abgetreppte Fensterformationen durchbrechen die Kirchenmauern und durchlichten den Innenraum. Im Inneren ist eine offene zur Altarwand ansteigenden Dachkonstruktion vorhanden.

Klagenfurt-St. Peter

ANBETUNG
24. Juli

PATROZINIUM
Hl. Petrus

KIRCHE
Klosterkirche Harbach Hl. Herz Jesu

FILIALKIRCHEN
Alte Pfarrkirche Hl. Petrus

Der moderne Stahlskelettbau wurde 1956-58 von Architekten Franz Lukesch errichtet. Die Schauseite besteht aus einem vorspringenden asymmetrischen Bauteil, der höher als die restliche Kirche ist und von 3 Stahlträgern gestützt wird. Im Inneren der Saalkirche befindet sich eine leicht geschwungene Altarwand mit einem Mosaik von Karl Bauer 1962.

Klagenfurt-St. Ruprecht

ANBETUNG
29. Jänner, 24. Mai, 24. September

PATROZINIUM
Hl. Ruprecht

Die charakteristische spätklassizistische Kirche wurde 1847 an der Stelle des im selben Jahr abgebrochenen, mittelalterlichen Vorgängerbaus neu errichtet. 1956 wurde der Ostteil der Kirche durch den Architekten Helmut Klimpfinger erweitert. Das Äußere wird durch die mit Kolossalpilastern gegliederte Westfassade und den zentralen Turm mit Spitzgiebelhelm geprägt. Das Innere ist tonnengewölbt mit Gurtbögen auf Pilastern. In der flach gedeckten Apside ist ein umlaufendes Fensterband. 22 Glasfenster wurden von Karl Bauer 1972 gestaltet.

Klagenfurt-St. Theresia

ANBETUNG
27. Juli

PATROZINIUM
Hl. Theresia

Die moderne Kirche wurde an Stelle einer Notkirche von 1931 (Seelsorgestation „St. Theresia auf der Heide" im Jahr 1966/67 nach Plänen von Architekten Adolf Bucher neu erbaut. Weihe 1968. Die gestuften Satteldachkompartimente sind vor einer hohen zeltförmigen Apside gestaffelt angeordnet, die als Schutzmantelsymbol interpretiert werden kann. Der freistehende markante Glockenturm ist aus Sichtbeton mit Eternitlamellen im Glockengeschoss. Im ansteigend gestaffelten Innenraum befinden sich Glasgemälde von Giselbert Hoke (1969), Ausstattung von Werner Lössl.

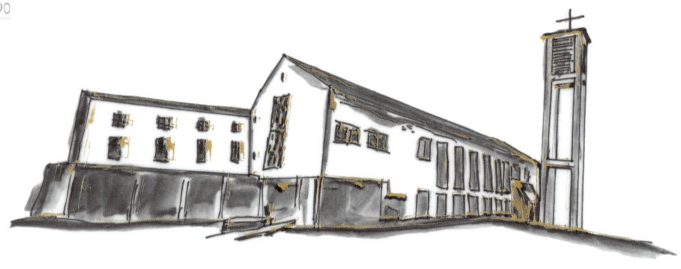

Klagenfurt-Welzenegg

ANBETUNG
1. August

PATROZINIUM
Hl. Herz-Jesu

Die moderne Kirche wurde an Stelle einer Notkirche von 1952 nach Plänen von Architekten Anton Zeman im Jahr 1973 erbaut. Ein Umbau der Gesamtanlage erfolgte 1989-93 durch die beiden Architekten Felix Orsini-Rosenberg und Franz Freytag (Kärntner Landesbaupreis 1993). Der parallel zur Straße errichtete Rechteckbau unter Satteldach wird durch eine alle Geschosse umfassende Fensterfront charakterisiert. Der Glockenturm auf 4 Ständern besitzt ein verbrettertes Glockengeschoss und dient als Orientierungszeichen. Die lichtdurchflutete Innenraumgestaltung folgt einem einheitlichen Konzept.

St. Georgen am Sandhof

ANBETUNG
23. April

PATROZINIUM
Hl. Georg

FILIALKIRCHE
Krastowitz Hl. Ulrich

KAPELLE
Schlosskapelle Hl. Elisabeth

Die barocke Saalkirche hat gotisches Mauerwerk und verfügt über einen Polygonalchor aus der 1. Hälfte des 14. Jahrhunderts. Der mächtige Südturm geht in der Substanz auf die Romanik zurück und trägt einen Spitzgiebelhelm. Die Kirche wird von einem oktogonalen zweigeschossigen Karner des 14. Jahrhunderts und einem Friedhof umgeben. Urkundlich 1216 genannt. In der Vorhalle sind römische Grabreliefs. Das Innere wird von einem Tonnengewölbe mit Stichkappen auf Pilastern überdeckt. Im Chor ist ein Kreuzrippengewölbe aus der 1. Hälfte des 14. Jahrhunderts mit Schlusssteinen und Kopfkonsolen.

Viktring-Stein

ANBETUNG
19. Dezember

PATROZINIUM
Hl. Maria vom Siege

FILIALKIRCHE
Stein Hl. Florian

Die ehemalige Stiftskirche geht auf eine im 12. Jahrhundert erbaute rundtonnengewölbte Pfeilerstaffelhalle mit Querhaus zurück (Bauschema der Zisterzienser). In der 1. Hälfte des 14. Jahrhunderts wurde der Chor erbaut. Um 1460 hat man die Bernhardskapelle errichtet und 1582 den spätgotischen Turm. Im 18. Jahrhundert wurde das Querhaus teilweise abgebrochen, 1843 die 5 westlichen Langhausjoche. Stattdessen Bau der klassizistischen Fassade mit Kolossalpilastern und Giebel. Im Inneren zeigt sich die reduzierte Staffelhalle mit Spitzbogenarkaden. Im Chor sind Kreuzrippengewölbe und Maßwerkfenster.

Klagenfurt-Wölfnitz

ANBETUNG
19. Mai

PATROZINIUM
Hl. Johannes der Täufer

FILIALKIRCHEN
Emmersdorf Hl. Paul
St. Andrä zu Seltenheim Hl. Andreas
Tultschnig Hl. Johannes der Täufer
Lendorf Hl. Jakob der Ältere

KAPELLEN
Seltenheim-Schlosskapelle
Hl. Dreifaltigkeit
Ehrenbichl-Schlosskapelle

Die moderne Kirche am Kirchplatz wurde 1985-1987 von Architekten Gernot Kulterer erbaut (Landespreis für gutes Bauen 1987). Die breitgelagerte Hallenkirche verfügt über ein weit herabgezogenes Satteldach mit Fensteröffnungen, die in die Fassaden eingeschnitten sind. Im Osten befindet sich ein hoher halbrunder Altarraum. Der freistehende Turm im Nordwesten besitzt einen eingezogenen Spitzhelm und hat ein ständerartiges Untergeschoss. Im Inneren Frontwand mit 10 Tafelbildern aus dem Leben des Kirchenpatrons von Johannes Zechner. Glasfenster von Karlheinz Simonitsch (1998/99).

Župnija sv. Cirila in Metoda | Slowenisches Pastoralzentrum

ANBETUNG | VEDNO ČEŠČENJE
11. September | september

PATROZINIUM | PATROCINIJ
Herz Mariens | Brezmadežno srce Marijino

Das Slowenische Pastoralzentrum befindet sich seit 2006 im Provinzhaus der slowenischen Schulschwestern. In der Kapelle befinden sich eine Marienstatue (Fatima) und die Gestalt des Hl. Franziskus. Die akademische Malerin Veselka Šorli Puc nahm bei der Gestaltung der Bilder und Fenster Bezug auf den »Sonnengesang«. Der Kreuzweg stammt von Stane Jarm.

Župnija sv. Cirila in Metoda je od 2006 naprej v provincialni hiši šolskih sester. Poleg kipa fatimske Marije, krasi to kapelo še kip sv. Frančiška. Akademska slikarka Veselka Šorli Puc je v svojem umetniškem delu ponazorila Frančiškovo »Sončno pesem«. V slike na stropu in v obe sprednji okni je vnesla hvalnico stvarstvu. Križev pot na okroglih reliefih na lesu je izdelal umetnik Stane Jarm.

DEKANAT

Kötschach

Grafendorf im Gailtal • Kirchbach • Kornat • Kötschach • Liesing • Maria Luggau • Mauthen • Reisach • St. Daniel im Gailtal • St. Jakob im Lesachtal • St. Lorenzen im Lesachtal • Waidegg • Würmlach

Grafendorf im Gailtal

ANBETUNG
21. November

PATROZINIUM
Hl. Michael

FILIALKIRCHEN
Kattlingberg
Nölbling
St. Helena am Wieserberg

Die ehemalige romanische Chorturmkirche verfügt über einen spätgotischen Chor um 1500 und spätbarocke Kapellenanbauten in Langhaushöhe. Urkundlich 1296 genannt. Die Langhausmauern gehen auf das 12. Jahrhundert zurück, der mächtige Turm ist oben barock mit Zwiebelhelm. Das spitzbogige Westportal wird von einer illusionistischen Säulenädikula gerahmt mit Erzengel Michael-Darstellung von 1832. Im Inneren befinden sich Sterngratgewölbe, am Triumphbogen mit „1521" bezeichnet. Im gotischen Chor sind Netzrippengewölbe auf polygonalen Wandvorlagen. Wandmalerei im Chor von 1514.

Kirchbach

ANBETUNG
28. Dezember

PATROZINIUM
Hl. Martin, Bischof von Tours

KAPELLE
Oberdöbernitzen Hl. Nikolaus

Die 1768/69 barock umgebaute Kirche (Baumeister Thomas Mayr) geht auf einen spätgotischen Vorgängerbau zurück. Urkundlich als Pfarre 1296 genannt. Vorgängerbau vermutlich 1508 erbaut. Der Nordturm verfügt über einen Zwiebelhelm. Die zweigeschossige Westfassade wird durch einen Volutengiebel bekrönt, schlanke Doppellisenen als Wandgliederungselemente rhythmisieren den Gesamtbau. Im Inneren befinden sich Flachtonnengewölbe mit Stichkappen über mächtigen Wandpilastern. Die üppigen Deckengemälde stammen aus dem Spätbarock. Die beachtlichen Friedhofsportale von 1474 (76) und 1700.

Kornat

ANBETUNG
2. November

PATROZINIUM
Hl. Johannes der Täufer

FILIALKIRCHEN
Mattling Hl. Ulrich
Nostra Hl. Antonius von Padua
Wodmaier Hl. Chrysanth

Die Kirche liegt in 1032 Meter Seehöhe weithin sichtbar am Hang und wurde in der Spätgotik erbaut. Urkundlich 1376 genannt, Weihe 1536. Durch ein Unwetter 1868 wurde der Turm und das Dach zerstört und danach wiedererrichtet. Der Bau, der über Langhaus und Chor in der gleichen Breite verfügt, beeindruckt durch sein homogenes Erscheinungsbild. Der Turm wurde 1869 neu errichtet, zugleich das Langhaus nach Westen um ein quadratisches Joch verlängert (Agostini Francisci). Am Chor befinden sich ursprüngliche Maßwerkfenster. Im Inneren sind Sternrippengewölbe, im Chor Netzrippengewölbe.

Kötschach

ANBETUNG
16. November

PATROZINIUM
Unsere Liebe Frau

FILIALKIRCHEN
St. Johann im Walde Hl. Johann Nepomuk
Mandorf Maria Loretto
Laas Hl. Andreas

KAPELLE
Friedhofskapelle Sieben Schmerzen Mariä

Die ehemalige Wallfahrtskirche ist eine spätgotische Hallenkirche und wurde 1518 bis 1527 von Baumeister Bartlmä Firtaler unter Einbeziehung des Vorgängerbaus errichtet. Urkundlich 1399 genannt, als Pfarre seit 1627. Nach Zerstörungen durch die Türken 1485 wiedererrichtet, Weihe des Neubaus 1542. Durch viele Überschwemmungen Anhebung des Terrains. An den Langhauswänden wechseln Rund- mit Lanzettfenstern. Im Westen steht ein mächtiger Turm mit oktogonalem Spitzgiebelhelm. Im Inneren befinden sich fantasievolle Netz- und Schlingrippengewölbe. Das Chorgewölbe wurde barockisiert.

Liesing

ANBETUNG
7. November

PATROZINIUM
Hl. Nikolaus

FILIALKIRCHEN
Klebas Hlgst. Dreifaltigkeit
Niedergail Maria Hilf
Obergail Hl. Anna
Oberring Unbefleckte Empfängnis
Tscheltsch Hl. Josef

KAPELLEN
Assing Maria vom Guten Rat
Obergail (obere Kapelle) Hlgst. Dreifaltigkeit

Die gotische Kirche des 15. Jahrhunderts wurde im 18. Jahrhundert barockisiert und 1962-65 regotisiert. Urkundlich 1321 erwähnt, als Pfarre seit 1429. Nach der Zerstörung durch die Türken wurde der Bau 1485 neu geweiht. Der Südturm besitzt ein hohes Sockelgeschoss (Sakristei) und Pilasterdekor um 1800. Breite westliche Pfeilervorhalle vor dem barockisierten Westportal. Das Christophorusfresko ist vom Beginn des 16. Jahrhunderts. Im Inneren befinden sich illusionistisch gemalte Gewölberippen anstelle der im Barock abgeschlagen Originale. Im Chor Muldengewölbe mit spätbarocker Malerei.

Maria Luggau

ANBETUNG
13. Oktober

PATROZINIUM
Maria Schnee

FILIALKIRCHEN
Raut Hl. Josef
Sterzen Hl. Antonius

KAPELLEN
Guggenberg Hl. Anna
Lourdeskapelle Salach Hll. Silvester und Florian

Die Wallfahrtskirche wurde von Bartlmä Firtaler 1520-1544 errichtet (Weihe 1536). Gründung des Servitenklosters 1591. Seit 1986 ist Maria Schnee Basilika minor. Der Westturm wurde 1552 vollendet. Eine Barockisierung des Inneren fand 1733-1738 statt. Der Turm mit spätgotischen Schmuckformen ist ein typisches Werk Firtalers. Die achteckige Bekrönung samt Helm stammt von 1741. Die Nordseite der Kirche ist vom Kloster verdeckt, im Süden sind Strebepfeiler. Im Inneren wurden die gotischen Rippen 1733 abgeschlagen und durch barocke Stukkaturen von Franz Hannibal Pittner ersetzt.

Mauthen

ANBETUNG
25. April

PATROZINIUM
Hl. Markus

FILIALKIRCHE
Maria Schnee

KAPELLEN
Plöcken Kriegergedächtniskapelle
Friedhofskapelle Hl. Maria

Der Bau ist eine ehemalige Chorturmkirche des 13. Jahrhunderts mit einem barocken Chorzubau im Westen von 1742 und einem barocken Seitenschiff. Die Umorientierung fand vermutlich in der Spätgotik statt. Urkundlich 1466 genannt, als Pfarre seit 1525. Das Langhaus ist im Kern romanisch. Der Ostturm (ehemalige Chorturm) verfügt über seitliche Zubauten und einen Spitzgiebelhelm. An der Südwand befinden sich Fresken vom Beginn des 16. Jahrhunderts („Feiertagschristus" und Marientod). Im Inneren sind Netzrippengewölbe mit Scheitelrippen und bemalten Schlusssteinen, der Chor ist barock gewölbt.

Reisach

ANBETUNG
3. Dezember

PATROZINIUM
Hll. Petrus und Paulus

FILIALKIRCHEN
Stranig Hl. Johannes der Täufer
Hl. Anastasia

KAPELLE
Reiskofelbad Herz Jesu

Die Kirche ist ein schlichter spätklassizistischer Bau von 1850 mit einem Nordturm und liegt erhöht. Urkundlich 1355 genannt. Im Turmerdgeschoss ist ein gotisches Gewölbe des Vorgängerbaus erhalten, der Spitzhelm stammt aus dem 20. Jahrhundert. Langhaus und Chor sind von Lisenen gegliedert, verfügen über ein Mäanderfries und Rundbogenfenster. Die strenge 3teilige Westfassade wird von einem Dreiecksgiebel bekrönt. Im Inneren befinden sich ein Tonnengewölbe mit Stichkappen und Wandpilastern. Die neobarocken Gewölbemalereien wurden von Felix Barazzutti 1888 geschaffen.

St. Daniel im Gailtal

ANBETUNG
8. April, 18. Oktober

PATROZINIUM
Hl. Daniel

FILIALKIRCHEN
Dellach
Goldberg
Höfling

Die spätgotische Kirche wurde im letzten Viertel des 15. Jahrhunderts an der Stelle eines von den Türken 1478 zerstörten Baus errichtet und im 18. Jahrhundert barockisiert. Urkundlich 1421 genannt, laut Inschrift 1054 erbaut. Urpfarre für das obere Gailtal und Lesachtal. Seit 1786 beim Bistum Gurk. Langhaus und Chor sind von Strebepfeilern umstellt. Der im Kern vermutlich romanische Nordturm trägt einen barocken Zwiebelhelm. Im Inneren befinden sich spätgotische Netzrippengewölbe über Wandpfeilern mit Rankenwerk in den Gewölbefeldern. Im Chor barocke Wölbung über korinthischen Pilastern.

St. Jakob im Lesachtal

ANBETUNG
31. Dezember

PATROZINIUM
Hl. Jakobus der Ältere

FILIALKIRCHE
Podlanig Hll. Ulrich und Martin

KAPELLE
Gentschach Herz-Jesu

Die spätgotische Anlage wurde Anfang des 16. Jahrhunderts errichtet und liegt inmitten eines Friedhofs. Urkundlich 1376 genannt, als Pfarre seit 1688. Der Nordturm verfügt über einen mächtigen Unterbau, eine Ecklisenengliederung um 1800 und einen Spitzhelm von 1876. Im Westen profiliertes spitzbogiges Portal. An der Südwand befindet sich ein Fresko des Hl. Christophorus vom Beginn des 16. Jahrhunderts. Im Inneren sind Netz- und Sternrippengewölbe über gekehlten Wandpfeilern mit Wappenschlusssteinen, im niedrigeren Chor ein Netzrippengewölbe über Konsolen mit bemalten Schlusssteinen.

St. Lorenzen im Lesachtal

ANBETUNG
3. September, 26. Dezember

PATROZINIUM
Hl. Laurentius

FILIALKIRCHEN
Oberfrohn Hl. Dreifaltigkeit **Radegund** Hl. Radegund

KAPELLEN
Marienkapelle
Unterfrohn Hll. Silvester und Veit
Xaveriberg Hl. Franz Xaver **Wegkapelle**
Tuffbad Hl. Hadrian **Wegkapelle** Maria Hilf

Die einheitlich spätgotische im Kern romanische Kirche steht in 1128 Meter Seehöhe in erhöhter Lage am Ortsrand. Urkundlich 1374 genannt, seit 1594 als Vikariat. Der Chor wurde 1485 geweiht. Das Langhaus und der Chor bilden einen homogenen Baukörper. Der mächtige Nordturm mit Spitzgiebelhelm ist weithin sichtbar. In der Westfassade befindet sich ein Rundfenster mit einer Maßwerkrosette und ein profiliertes Spitzbogenportal mit 2 Weihwasserbecken. Im Langhaus und Chor befinden sich spätgotische Sternrippengewölbe über flachen Wandpfeilern. Wandmalereien vom Ende des 15. Jahrhunderts.

Waidegg

ANBETUNG
21. Dezember

PATROZINIUM
Hl. Apostel Thomas

Die kleine frühbarocke Kirche wurde im 17. Jahrhundert erbaut und 1725 im Bereich des Langhauses verlängert. Urkundlich 1485 genannt. Der Nordturm stammt aus dem Jahr 1690 und trägt einen Spitzgiebelhelm. Die schlichte Westfassade zieren Kleeblattbogenfenster und ein spitzbogiges Portal. Der Gesamtbau wird durch Lisenen und zarte Fensterumrahmungen gegliedert. Im Langhaus und Chor befinden sich Flachtonnengewölbe mit Stichkappen und eine Wandgliederung aus flachen marmorierten Pilastern. Die Deckengemälde stammen von Christoph Brandstätter aus der 1. Hälfte des 19. Jahrhunderts.

Würmlach

ANBETUNG
14. April

PATROZINIUM
Hll. Georg und Lambert

Die spätgotische Kirche ist die ehemalige Kapelle von Schloss Weildegg und wurde 1770 um ein Joch nach Westen verlängert und 1843 renoviert. Urkundlich 1537 (Schloss) genannt, als Pfarre seit 1770. Die Westfassade verfügt über ein frühklassizistisches Portal und Fenster. Der Gesamtbau wird durch Lisenen gegliedert. Der Turm steht im Westen in der Eingangsachse und trägt einen bauchigen Helm. Im Inneren sind spätgotische Netzrippengewölbe über abgefasten Wandpfeilern, im Westjoch eine spätbarocke Tonne mit Stichkappen. Im Chor ist ein reiches Schlingrippengewölbe über Runddiensten.

DEKANAT

Krappfeld

Althofen • Eberstein • Guttaring • Hohenfeistritz • Hüttenberg • Kappel am Krappfeld • Kirchberg • Klein St. Paul • Lölling • Maria Waitschach • Silberegg • St. Johann am Pressen • St. Martin am Krappfeld • St. Martin am Silberberg • St. Oswald ob Hornburg • St. Stefan am Krappfeld • St. Walburgen • Wieting

Althofen

ANBETUNG
13. Februar

PATROZINIUM
Hl. Thomas von Canterbury

FILIALKIRCHEN
St. Cäcilia Heiliges Kreuz
Rabenstein Hll. Johannes und Paulus

KAPELLEN
Pfarrzentrum Althofen
Töscheldorf-Kapelle
Werkskapelle in Treibach Hl. Franz Xaver

Die hoch über dem Markt errichtete gotische Anlage ist vom gesamten Krappfeld aus zu sehen. Die um 1400 errichtete Kirche wurde im 18. Jahrhundert barockisiert und 1884 bzw. von 1910-14 regotisiert (Architekt K. Badstieber). Urkundlich um 1307 erstmals erwähnt. Einzige Kirche Kärntens mit dem Patrozinium Hl. Thomas von Canterbury. Der mächtige Südturm ist weithin sichtbar. Im Norden des Langhauses befinden sich gotische Kappellenanbauten. Im Westen sind ein Gewändeportal mit Fialen und 3 Rundfenster mit Maßwerk. Im Inneren erstrecken sich Kreuzrippengewölbe auf Runddiensten.

Eberstein

ANBETUNG
29. April

PATROZINIUM
Hlgst. Herz Jesu

KAPELLE
Burgkapelle Hl. Georg

Die moderne Kirche ist ein zentralräumlich strukturierter Betonbau aus den Jahren 1971-72 und wurde von Architekten Eberhard Klaura erbaut. Ein umlaufendes schmales Fensterband unter der Dachtraufe (Traufenbelichtung) an den ungegliederten Außenwänden charakterisiert das gesamte Erscheinungsbild. Ein offener Glockenturm aus Sichtbeton erhebt sich über dem Eingang. Im Inneren befindet sich eine offene Dachstuhlkonstruktion.

Guttaring

ANBETUNG
14. Oktober

PATROZINIUM
Hl. Rupert

FILIALKIRCHEN
Maria Hilf
St. Gertraud Hl. Gertraud
Deinsberg Hll. Jakob der Ältere und Anna

KAPELLE
Achatiuskapelle

Die aus dem 12. Jahrhundert stammende mächtige Chorturmkirche wurde in der Spätgotik erweitert. Urkundllich erstmals 1160 erwähnt, als Pfarre 1562 mit 7 Filialen. Zwischen dem schlichten Langhaus und dem Polygonalchor erhebt sich der romanische Chorturm, der 1524 im Obergeschoss erneuert wurde und einen Spitzhelm von 1886 trägt. Neben dem spätgotischen Südportal ein Weltgerichtsfresko aus dem 1. Viertel des 16. Jahrhunderts. Im Inneren spannt sich ein Sternrippengewölbe aus dem 15. Jahrhundert. Im Turmjoch ist eine romanische Spitztonne, im Chor spätgotisches Sternrippengewölbe.

Hohenfeistritz

ANBETUNG
17. Feber

PATROZINIUM
„Unsere Liebe Frau"

KAPELLE
Kapelle im ehemaligen Wehrturm

Die spätgotische Wehrkirchenanlage mit Tor- und Mauerturm liegt malerisch 1000 m auf einem Ausläufer der Saualpe. Der einheitliche Bau wurde 1446-1491 errichtet. Eine erste Gnadenkappelle 1240 geweiht, urkundlich 1383 genannt. Das hohe Hallenlanghaus und der erhöhte gotische Chor sind von abgetreppten Strebepfeilern umstellt. Der integrierte Westturm ist siebengeschossig, das oberste stammt von 1807. Gotisches Westportal und Südportal mit Maßwerk und Figurentabernakeln von 1618. Im Inneren spannt sich ein reiches Sternrippengewölbe im Hallenlanghaus und Chor, alle Kapitelle mit Rankenwerk.

Hüttenberg

ANBETUNG
27. August

PATROZINIUM
Hl. Nikolaus

FILIALKIRCHEN
Zosen Hl. Michael
Knappenberg Hl. Barbara

KAPELLE
Heft

Die spätgotische Kirche aus der 2. Hälfte des 15. Jahrhunderts wurde nach Bränden Mitte des 18. Jahrhunderts und 1843 erneuert. Urkundlich 1425 genannt. Der Turm wurde nach seinem Einsturz 1850 neu errichtet. Das Langhaus und der Chor sind von abgetreppen Strebepfeilern umstellt. Im Westen befindet sich ein detailreiches gotische Gewändeportal, im Süden eine netzrippengewölbte Vorhalle. Im Inneren ist im Langhaus und Chor ein Spitztonnengewölbe mit Stichkappen von 1844-1850 über polygonalen Wanddiensten mit Laubwerkkapitellen des spätgotischen Gewölbes.

Kappel am Krappfeld

ANBETUNG
6. Mai

PATROZINIUM
Hl. Paul

FILIALKIRCHE
Haidkirchen Hl. Cyriacus

KAPELLE
Lindenkapelle Hl. Nikolaus

Die Kirche besteht aus einem massigen Turm und Saallanghaus einer ehemaligen Chorturmkirche des 12. Jahrhunderts und aus einer üppigen barocken Kleeblattapside aus Mitte des 18. Jahrhunderts. Urkundlich 1041 und 1060 genannt. Das im Kern romanische Langhaus wurde 1513 mit spätgotischem Sternrippengewölbe eingewölbt, die romanische Apsis entfernt und die Kirche nach Westen umorientiert. Der nachhaltige barocke Umbau erfolgte Mitte des 18. Jahrhunderts mit einem neuen Westchor. Eine Betonummantelung zur Sicherung des Turmes von 1965.

Kirchberg

PATROZINIUM
Maria Moos

Der im Kern auf die Romanik zurückgehende Bau besitzt einen spätgotischen Chor und einen gotischen Turm. Reste einer spätgotischen Wehranlage sind erhalten geblieben. Urkundlich 1167 und 1181 genannt. Der Chor ist von Strebepfeilern umstellt. Die geschweifte Turmhaube wurde nach einem Brand 1837 ein Jahr danach neu aufgesetzt. Ebenso wurde das romanische Langhaus 1838 eingewölbt. Im Chor befindet sich ein Sternrippengewölbe über schmalen Diensten aus der Mitte des 15. Jahrhunderts (Weihedatum 1446).

Klein St. Paul

ANBETUNG
25. Jänner

PATROZINIUM
Hl. Paulus

Die spätgotische Kirche geht vermutlich auf einen romanischen Vorgängerbau zurück und liegt mitten im Dorf. Urkundlich erstmals 1062, als Pfarre seit 1211 verzeichnet. Das Langhaus befindet sich unter einem steilen Satteldach, der massige gotische Turm mit erneuertem Spitzhelm südlich des Chores dominiert das äußere Erscheinungsbild. Das Saallanghaus wird von einer barocken Flachdecke mit Stuckrahmen eingedeckt. Der erhöhte Polygonalchor verfügt über ein Netzrippengewölbe des 15. Jahrhunderts auf halbrunden Wandvorlagen. Die 3 östlichen Maßwerkfenster zählen zum Originalbestand.

Lölling

ANBETUNG
25. März

PATROZINIUM
Hl. Georg

KAPELLEN
Kapelle Guttaringerhütte
Barbarakapelle auf dem Erzberg

Die spätgotische Kirche besteht aus einem im Westteil erneuerten und verlängerten Langhaus und aus einem gotischen Polygonalchor. Der Nordturm mit markantem Giebelspitzhelm prägt den Gesamtbau. Das Langhaus verfügt über einfache 2- und 3-teilige Maßwerkfenster und mehrere spätgotische Baudetails. An der Südmauer ist ein Fragment eines Christophorusfreskos erhalten. Im Inneren befindet sich ein spätgotisches Netzrippengewölbe auf Konsolen mit Wappenschilden. Die Gewölbe-Schlusssteine sind bemalt oder reliefiert. Wandmalerei von 1602 mit Stifterbild der Gewerkenfamilie Rauscher.

Maria Waitschach

PATROZINIUM
Unsere Liebe Frau

Die weithin sichtbare spätgotische Hallenkirche aus der 2. Hälfte des 15. Jahrhunderts ist von einer ehemaligen Wehranlage und einem Karner von 1535 umgeben. Urkundlich 1390 genannt. Eine Inschrift „1447" bezieht sich vermutlich auf den Baubeginn. Der Turm ist im Inneren quadratisch und tritt als oktogonaler Dachreiter über der Westfassade heraus (Anfang 16. Jahrhundert vollendet). Das hohe Langhaus und der eingezogene Chor sind von abgetreppten Strebepfeilern umstellt. Im Inneren wechseln Netz- Stern und Kreuzrippengewölbe über Achteckpfeilern, im Chor ist ein Sternrippengewölbe auf Runddiensten.

Silberegg

PATROZINIUM
Hl. Georg

Die im Kern romanische Kirche aus der 1. Hälfte des 13. Jahrhunderts wurde in der Spätgotik umgebaut, später barockisiert. Der massige Turm mit Spitzhelm und der Polygonalchor wurden Anfang des 16. Jahrhunderts errichtet. Urkundlich 1202 genannt. Die Anlage wird von einer Mauer umgeben. Spätgotische Baudetails befinden sich an den Außenmauern (Westportal). Das Innere verfügt über barocke Kreuzgratgewölbe über Mauerpfeilern. Den Chor überspannt eine barocke Spitztonne mit Stichkappen. Barocke Raumfassung mit Resten von Deckenmedaillons.

St. Johann am Pressen

PATROZINIUM
Hl. Johannes der Täufer

KAPELLE
Mosinz Hl. Klemens

Der auf einer Bergkuppe in 1250 Meter Seehöhe gelegene Bau ist eine zwischen 1130-35 errichtete romanische Chorturmkirche und wird von einer Mauer umgeben. Eine Barockisierung außen (Vorhallenzubau) und innen fand um 1708 und in der Mitte des 18. Jahrhunderts statt. Urkundlich vor 1160 Weihe. Die schlichten Fassaden zeigen barock erneuerte Rechteckfenster und einzelne romanische Baudetails (Sakristeiportal). Im Inneren befindet sich ein barockes Kreuzgratgewölbe über Wandpfeilern und ein hoher Triumphbogen zum gerade geschlossenen Chorjoch.

St. Martin am Krappfeld

ANBETUNG
24. März

PATROZINIUM
Hl. Martin

FILIALKIRCHEN
St. Klementen
St. Florian ob Mannsberg
Passering Hl. Margareta
St. Willibald

Die kleine Kirche in Hanglage besteht aus einem romanischen Langhaus mit spätgotischem Chor von 1558, einem markanten gotischen Südturm und wird von einer Mauer umgeben. Im Barock kam es zu Veränderungen (Anbauten und Fensteröffnungen). Teile von opus-spicatum-Mauerwerk wurden gefunden. Urkundlich zwischen 991 und 1023 genannt. Ein Weihedatum von 1075 ist verzeichnet. Am Westportal befinden sich noch romanische Beschläge. Das Innere ist flach eingedeckt, der stark erhöht gelegene Polygonchor verfügt über ein spätgotisches Sternrippengewölbe.

St. Martin am Silberberg

PATROZINIUM
Hl. Martin

Die in 1140 Meter Seehöhe am Hang gelegene im Kern romanische Kirche aus dem 13. Jahrhundert wird durch den quadratischen spätgotischen Chorturm vom Ende des 15. Jahrhunderts mit Spitzhelm dominiert. Die Anlage wird von einem Friedhof samt verfallender Mauer umgeben. Urkundlich 1285 erstmals genannt. 1989 wurde unter dem Chorturm eine romanische Apside nachgewiesen. Das Langhaus wird von gedrungenen Strebpfeilern umstellt, eine barocke Vorhalle angebaut. Im Inneren befindet sich ein barockes Tonnengewölbe mit Stichkappen, von der romanischen Flachdecke sind die Trambalken sichtbar.

St. Oswald ob Hornburg

PATROZINIUM
Hl. Oswald

Die Kirche aus dem 15. Jahrhundert mit spätgotischem Chor liegt am Westabhang der Saualpe in 1020 Meter Seehöhe und wurde um 1880 historisierend renoviert. Urkundlich 1369 erstmals genannt. Der mächtige Nordturm mit hohem Spitzhelm prägt die Gesamterscheinung der Anlage. Außen am Chor befinden sich massige Strebepfeiler, der Giebel der Westfassade ist akzentuiert. Christophorusfresko aus dem 15. Jahrhundert, ebenso wie das spitzbogige Gewändeportal mit Säulchen. Im Inneren befindet sich eine Flachdecke, im Chor ist ein Kreuzgratgewölbe.

St. Stefan am Krappfeld

ANBETUNG
18. September

PATROZINIUM
Hl. Stephan

FILIALKIRCHE
St. Kosmas Hll. Kosmas und Damian

Von der um 1200 errichteten mächtigen Chorturmkirche sind Langhausmauern und Turm erhalten. Urkundlich 1131 erstmals genannt. Im 15. Jahrhundert wurde der Bau zur Wehrkirchenanlage und im 16. Jahrhundert das Langhaus ausgebaut (Fenster neogotisch). Im 15. und im 18. Jahrhundert wurde der Turm erhöht. Der Zwiebelhelm und die Pilastergliederung der Fassaden des Langhauses sind von 1766. Das neogotische Seitenschiff ist aus dem 19. Jahrhundert. Im Inneren befindet sich eine Stichkappentonne auf Konsolen, im spätgotischen Chor Kreuzgratgewölbe, im Osten ein Maßwerkfenster.

St. Walburgen

ANBETUNG
16. April

PATROZINIUM
Hl. Walburga

FILIALKIRCHE
Mirnig Hl. Andreas

Der im Kern romanische Bau ist eine ehemalige Wehrkirchenanlage und wurde Anfang des 16. Jahrhunderts spätgotisch umgestaltet. Urkundlich erstmals nach 1039 erwähnt, als Pfarre seit 1273 genannt. Die Langhausmauern und der bis zum Dach reichende Südturm sind romanisch. Der mächtige spätgotische Westturm von 1534 verfügt über mehrfarbiges Friesdekor und einen Spitzhelm. Im Inneren befindet sich ein Sternrippengewölbe über Dienstbündeln, im Polygonchor Sternrippen über Konsoldiensten mit figuralem Schmuck. Der nördliche Kapellenanbau ist aus der Gotik mit seltenem Viersechstelschluss.

Wieting

ANBETUNG
5. Juli

PATROZINIUM
Hl. Margareta

Der Bau neben der Propstei gelegen besteht aus einem schlichten romanischen Langhaus, an das Mitte des 15. Jahrhunderts der Polygonchor und im Süden die Sakristei (über ehemaligem romanischen Karner) angebaut wurden. Urkundlich zwischen 1180-1193 genannt. Über dem östlichsten Langhausjoch erhebt sich ein spätgotischer Vierungsturm mit Spitzhelm und Sternrippengewölbe im offenen Turmerdgeschoss. Die Wandmalerei stammt von 1446 und 1459. Im Chor Netzrippengewölbe auf oktogonalen und runden Diensten, die Gewölbemalerei von 1620. In der Sakristei ist ein spätgotisches Sternrippengewölbe.

DEKANAT

Obervellach

Flattach • Heiligenblut • Kolbnitz • Mallnitz • Mörtschach • Mühldorf • Obervellach • Penk • Rangersdorf • Sagritz • Stall • Teuchl • Winklern

Flattach

ANBETUNG
13. August

PATROZINIUM
Hl. Matthias

FILIALKIRCHE
Außerfragant
Unsere Liebe Frau vom Guten Rat

KAPELLEN
Laas Unbefleckte Empfängnis
Innerfragant

Der schlichte Bau besteht aus einem in der Substanz gotischen Polygonalchor und einem Mitte des 18. Jahrhunderts umgestalteten und im Jahr 1796 verlängerten Langhaus. Urkundlich 1504 genannt. Die Anlage ist von einem Friedhof und einer Mauer umgeben. Der Westturm wurde 1794 dem Langhaus vorgestellt, der Turmhelm 1957 erneuert. Das Saallanghaus ist im Inneren flach gedeckt. Ein runder Triumpbogen leitet zum Chor, der mit Gratgewölben und Pilastergliederung ausgestattet ist. Die Deckengemälde aus dem späten 18. Jahrhundert sind stark restauriert.

Heiligenblut

ANBETUNG
4. April

PATROZINIUM
Hl. Vinzenz

FILIALKIRCHE
Pockhorn Hl. Martin

KAPELLEN
Bricciuskapelle unter der Pasterze
Wolfgangkapelle Schachnern
Hl. Antonius von Padua **Gipper** Maria Hilf
Sturm-Kapelle Herz Jesu
Kapelle am Kasereck
Sturmkapelle beim Glocknerhaus

Die markante gotische Anlage in steiler Lage wurde im 14. Jahrhundert erbaut. Urkundlich 1271 Kapelle als Wallfahrtsstätte mit der Heilig-Blut-Reliquie des Feldherrn Briccius erwähnt. Neubau ab 1389 und 1393 (Ablässe). Der hohe Chor von 1430 ist von Strebepfeilern umstellt. Der Südturm mit sternrippengewölbter Vorhalle trägt einen Oktogonalhelm. Das Hallenlanghaus wurde um 1483 von Baumeister Hans Hueber errichtet und 1491 geweiht. Im Inneren verfügt es über Netzrippengewölbe, die Seitenschiffe sind von Emporeneinbauten unterteilt. Unter dem Chor ist eine Krypta mit Netzrippengewölben.

Kolbnitz

ANBETUNG
9. November

PATROZINIUM
Hl. Jakobus der Ältere

FILIALKIRCHE
Danielsberg Hl. Georg

FILIALKIRCHE
Maria am Sandbichl Hl. Maria

Die spätgotische Kirche mit älteren Mauern wurde im 18. Jahrhundert barockisiert und wird von einer Mauer umgeben. Urkundlich 1124 genannt, als Pfarre seit 1796 verzeichnet. Einsturz des Kirchendaches 1951. Der mächtige Nordturm trägt einen Spitzgiebelhelm. An das Langhaus baute man 1744 ein Seitenschiff, die Fenster in den Langhausmauern sind alle barock. Im Inneren befindet sich eine barocke Flachdecke mit Rahmenfeldern. Im Chor befindet sich eine Flachtonne mit Stichkappen und Stuckrankenwerk aus der Zeit um 1700. Ein gleichhohes flachgedecktes Seitenschiff schließt im Norden an.

Mallnitz

ANBETUNG
13. November

PATROZINIUM
Christkönig

KAPELLEN
Hubertuskapelle
Hl. Kreuz

Die 1974-75 von Architekten Kurt Miessler neu erbaute Kirche steht an der Stelle einer 1758 geweihten ehemaligen Hl.-Aloisius-Kirche. Der niedrige Sakralbau hat eine zeltartige moderne Form und einen markanten spitz abgetreppten separat gestellten Glockenturm, der völlig mit Schindeln bedeckt ist.

Mörtschach

ANBETUNG
15. November

PATROZINIUM
Hl. Leonhard

FILIALKIRCHE
Maria in den Auen

Die spätgotische Kirche wurde in den Jahren um 1516 erbaut und 1903 renoviert. Das Langhaus ist von gestuften Strebepfeilern umstellt, die Fenster sind erneuert. Der weithin sichtbare Südturm trägt einen Spitzgiebelhelm. Die Wandmalerei Hl. Leonhard in Landschaft ist aus der Mitte des 19. Jahrhunderts. Das spitzbogige Westportal hat eine Rundstabrahmung und ist mit 1516 datiert. Im Inneren befindet sich im Saallanghaus ein Netzrippengewölbe über Wandvorlagen mit Runddiensten in bunter Fassung. Im Polygonalchor erstreckt sich ein spätgotisches Sternrippengewölbe über Konsolen.

Mühldorf

ANBETUNG
24. Februar

PATROZINIUM
Hl. Veit

FILIALKIRCHE
Rappersdorf Hl. Andreas

Die spätgotische Kirche mit Polygonalchor und südlichem Sakristeiturm wurde in der Mitte des 17. Jahrhunderts barockisiert. Urkundlich erstmals 1177 genannt. Die schlichten Langhausmauern zeigen barock veränderte Rechteckfenster, teilweise sind sie spitzbogig. Der Polygonalchor ist von Strebepfeilern umstellt. Im Westen befindet sich eine offene Vorhalle vor dem korbbogigen Westportal. Im Inneren ist das Saallanghaus flach und ungegliedert eingedeckt, der Chor hat ein Sterngratgewölbe über Konsolen. In den Chorfenstern befinden sich neugotische Malereien.

Obervellach

ANBETUNG
2. August

PATROZINIUM
Hl. Martin

FILIALKIRCHEN
Stallhofen Hl. Maria
Kalvarienbergkapelle
Oberfalkenstein Hl. Johannes der Täufer
Söbriach Hl. Ruprecht

Die große spätgotische Kirche ist eine ehemalige Wehrkirche aus dem späten 15. Jahrhundert und wurde von Baumeister Lorenz Rieder bis 1514 erbaut. Urkundlich 957-993 genannt, als Pfarre seit 1280. Die Weihe des Neubaus fand 1516 statt. Der Chor ist älter und wurde von einem anderen Baumeister begonnen. Hohe Langhauswände, unter dem Chor ist eine Krypta. Der mächtige ehemalige Wehrturm ist in 7 Geschosse geteilt mit oktogonalem Spitzhelm. Das reich verstäbte Westportal ist von 1509. Im Inneren befindet sich ein Sternrippengewölbe über Wandpfeilern, im Chor ein Netzrippengewölbe (vor 1488?).

Penk

ANBETUNG
19. November

PATROZINIUM
Hl. Nikolaus

KAPELLE
Napplach

Die kleine stark barockisierte Kirche ist im Kern romanisch und verfügt über einen geraden Chorabschluss aus dem frühen 18. Jahrhundert. Urkundlich 1233 und 1504 genannt. Die schlichte Westfassade besteht aus einer Giebelwand und einem Fassadenturm mit geschweifter Haube. Eine Renovierung fand im Jahr 1808 statt, von damals stammt die Fassadengliederung mit zarten Pilastern und die Ausgestaltung des Inneren. Das Saallanghaus verfügt über eine barocke Flachdecke, im Chor befindet sich ein flaches Gewölbe mit Stuckrahmenfeld.

Rangersdorf

ANBETUNG
11. August

PATROZINIUM
Hll. Petrus und Paulus

FILIALKIRCHEN
Marterle
Tresdorf Hl. Ulrich
Lainach Hl. Margareta

KAPELLE
Lobersberg Hl. Josef

Die spätgotische Kirche vom Anfang des 16. Jahrhunderts verfügt über ein hohes im Barock umgebautes Langhaus und einen mächtigen gotischen Südturm mit Spitzgiebelhelm. Urkundlich zwischen 1006 und 1039 erwähnt. Im Westen wurde das Langhaus im 18. Jahrhundert um ein Joch verlängert, die Fenster wurden barockisiert. Maßwerkfenster im Glockengeschoß des Turms. An den Langhausmauern und am Polygonalchor stehen Strebepfeiler. Im Inneren befinden sich Sternrippengewölbe über herabgezogenen Diensten, im Chor Kreuzrippengewölbe mit Wandvorlagen, die aus dem Sohlbankgesims aufsteigen.

Sagritz

ANBETUNG
13. Juni, 15. August

PATROZINIUM
Hl. Georg

FILIALKIRCHEN
Döllach Hl. Andreas Maria Dornach in Mitteldorf
Apriach Heiligste Dreifaltigkeit Putschall Maria Hilf

KAPELLEN
Asten Kapelle
Mitten Wegkapelle
Hl. Antoniuskapelle im Friedhof
Ranach
Göritz

Die einheitlich spätbarocke Kirche wurde 1769-79 neu erbaut. Vom spätgotischen Vorgängerbau 1516 ist der fünfgeschossige Westturm erhalten und integriert. Urkundlich 1271 genannt. Das Langhaus verfügt im Westen über einen Wellgiebel und Riesenpilastergliederung. Die Apside ist aus der Achse des Langhausbaues nach Süden gerückt und schließt in 3 Seiten. Hohe Rechteckfenster durchlichten die Saalkirche. Das Innere ist einheitlich spätbarock mit Pilastern und durchlaufendem Gesimsband gestaltet und mit einer Flachtonne gedeckt. Der Altarraum ist gleich gestaltet, die Empore ist zweigeschossig.

Stall

ANBETUNG
8. Feber

PATROZINIUM
Hl. Georg

FILIALKIRCHE
Steinwand Hl. Josef

Die Kirche ist ein überwiegend gotischer Bau des 14. Jahrhunderts mit Polygonalchor und einem hoch aufragenden historischen Turm von 1899. Nach einem Brand von 1825 wurde der Gesamtbau nachhaltig verändert und 1831 neu geweiht. Urkundlich bereits 957-993 genannt, seit 1336 als Pfarre verzeichnet. An der Langhaussüdseite stehen massige Strebepfeiler, die Nordseite ist ungegliedert. Ein zweigeschossiger Vorbau steht vor der glatten Westfassade. Im Inneren befinden sich spätgotische Sternrippengewölbe über Wandpfeilern. Im Chorschluss ist ein Rippengewölbe aus dem 14. Jahrhundert.

Teuchl

PATROZINIUM
Hl. Dreifaltigkeit

Die kleine barocke Kirche in Hanglage wurde ab 1746 neu aufgebaut, nachdem man die Vorgängerkapelle von 1650 abgetragen hatte. Geweiht wurde der Neubau im Jahr 1758, zur Pfarre wurde die Kirche 1846 erhoben. Schlichte Außenfassaden charakterisieren den Gesamtbau mit einer Architekturpolychromie des 19. Jahrhunderts. Die Westfassade wird von einem Fassadenturm mit Zwiebelhelm akzentuiert. Im Inneren befindet sich eine Flachdecke mit einem Deckengemälde im Stuckrahmenfeld. Der Chorschluss wird von einer Flachtonne mit Stichkappen eingewölbt. Der Triumphbogen ist mit Pilastern gegliedert.

Winklern

ANBETUNG
23. November

PATROZINIUM
Hl. Laurentius

FILIALKIRCHEN
Reintal Hl. Ruprecht
Penzelberg Hl. Benedikt

KAPELLEN
Pirker-Kapelle
Latschig-Kapelle
Rettenbach Hl. Maria
Iselsberg Hl. Antonius
Namlach Maria Hilf

Die spätgotische Kirche aus dem 15. und 16. Jahrhundert wurde um 1800 umgestaltet erweitert. Von 1898 bis 1906 fand eine Regotisierung statt. Der Vorgängerbau wurde 1516 geweiht. Nach einem Brand im selben Jahr wurde die wiederhergestellte Kirche 1521 geweiht. Als Pfarre 1787 genannt. Der mächtige Turm mit Spitzhelm im südlichen Chorwinkel dominiert das Erscheinungsbild. Das Südportal ist von 1517, das Christophorusfresko von 1470. Im Inneren befindet sich eine barocke Flachtonne mit Stichkappen über Wandpfeilern. Wandmalerei Jüngstes Gericht von 1519. Der Chor ist netzrippengewölbt.

DEKANAT | DEKANIJA

Rosegg · Rožek

Augsdorf | Loga vas • Damtschach | Domačale • Gottestal | Skočidol • Köstenberg | Kostanje • Kranzelhofen | Dvor • Lind ob Velden | Lipa ob Vrbi • Maria Elend | Podgorje • Petschnitzen | Pečnica • Rosegg | Rožek • St. Egyden an der Drau | Št. Ilj ob Dravi • St. Jakob im Rosental | Št. Jakob v Rožu • St. Niklas an der Drau | Šmiklavž ob Dravi • Sternberg | Strmec • Velden am Wörthersee

Augsdorf | Loga vas

ANBETUNG | VEDNO ČEŠČENJE
22. Feber | februar

PATROZINIUM | PATROCINIJ
Hl. Maria Rosenkranzkönigin | sv. Marija kraljica rožnega venca

FILIALKIRCHE
Selpritsch | Žoprače Hl. Andreas | sv. Andrej

Die ehemalige Wehrkirche des späten 15. Jahrhunderts geht auf einen romanischen Bau zurück und wird von 3 Gräben umgeben. Urkundlich 1162/64 Altarweihe. Der mächtige Wehrwestturm mit Spitzhelm wurde Ende des 15. Jahrhunderts, Chor und Seitenschiffe Mitte des 16. Jahrhunderts angebaut. Im Inneren befinden sich Pfeilerarkaden und Tonnengewölbe mit Stichkappen, im Chor ruht ein Netzrippengewölbe auf Runddiensten.

Nekdanja taborska cerkev iz poznega 15. stoletja temelji na romanski zgradbi in jo obdajajo trije jarki. V listini iz l. 1162/64 omenjena posvetitev oltarja. Mogočni obrambni stolp s koničastim šlemom na zahodni strani je bil prizidan konec 15. stoletja, kor in stranska ladja sredi 16. stoletja. Znotraj najdemo stebrske arkade in banjaste oboke s sosvodnicami, v koru je mrežastorebrasti obok nad okroglimi služniki.

Damtschach | Domačale

ANBETUNG | VEDNO ČEŠČENJE
20. Mai | maj

PATROZINIUM | PATROCINIJ
Auferstehung unseres Herrn Jesus Christus | Vstajenje našega Gospoda Jezusa Kristusa

FILIALKIRCHEN | PODRUŽNIČNE CERKVE
Ragain | Drganje Hl. Bartholomäus | sv. Jernej
Umberg | Umbar Hl. Matthäus | sv. Matej
Damtschach Schlosskapelle | Domačale, grajska kapela Hl. Johannes der Täufer | sv. Janez Krstnik

Die moderne Pfarrkirche von 2003 wurde vom Architekten Gernot Kulterer geplant. Sie ist ein Rechteckbau mit Holzbalkenfront und weit vorkragendem Dachbaldachin, der in assoziativer Fortsetzung des umliegenden Waldes von 20 Holzsäulen getragen wird. Der Haupteingang liegt an der Südwestecke, der Altarbereich im Inneren diagonal gegenüber. Die Ausgestaltung stammt von Karl Vouk mit Szenen der Ostererzählung.

Sodobno farno cerkev iz l. 2003 je načrtoval arhitekt Gernot Kulterer. Zgradba je pravokotna z lesenimi tramovi na pročelju in vidno izstopajočim strešnim nebom, ki ga nosi 20 lesenih stebrov kot asociacija na gozd okoli cerkve. Glavni vhod je na jugozahodnem kotu, oltarni del znotraj pa diagonalno nasproti vhoda. Umetniško oblikovanje z velikonočnimi prizori je delo Karla Vouka.

Gottestal | Skočidol

ANBETUNG | VEDNO ČEŠČENJE
31. Jänner | januar

PATROZINIUM | PATROCINIJ
Hl. Margareta | sv. Marjeta

FILIALKIRCHE | PODRUŽNIČNA CERKEV
Föderlach | Podravlje Hl. Stefan | sv. Štefan

REKTORAT
Wernberg | Vernberk Klosterkirche Zum kostbaren Blut | samostanska cerkev Presvete krvi

Die 1862 neogotisch umgebaute Kirche geht auf einen gotischen Bau des 15. Jahrhunderts zurück, der im Langhaus noch erhalten ist. Urkundlich als Pfarre seit 1356 genannt. Der Polygonalchor und der vorgestellte Westturm sind im neogotischen Stil errichtet. In den Langhausmauern sind römerzeitliche Spolien eingemauert. Im Inneren befinden sich spätgotische Rippengewölbe über Wandpfeilern.

Leta 1862 novogotsko pregrajena cerkev je izvirno gotska stavba iz 15. stoletja, ki je v vzdolžni ladji še vidna. V listini omenjena l. 1356. Mnogokotni kor in izpostavljeni zahodni stolp sta ustvarjena v novogotskem slogu. V zidovih vzdolžne ladje so vzidani rimski gradbeni preostanki. Znotraj najdemo poznogotske rebraste oboke nad pilastri.

Köstenberg | Kostanje

ANBETUNG | VEDNO ČEŠČENJE
15. Feber | februar

PATROZINIUM | PATROCINIJ
Hll. Philippus und Jakobus | sv. Filip in Jakob

FILIALKIRCHEN | PODRUŽNIČNE CERKVE
Dröschitz | Trešiče Hl. Ägidius | sv. Egidij
Kerschdorf | Črešnje Hl. Ulrich | sv. Urh
Oberdorf | Zgornja vas Hl. Johannes der Täufer | sv. Janez Krstnik

Die gotische Wehrkirche liegt von einer Wehrmauer umgeben am Rand einer Felsstufe. Urkundlich 1202 genannt. Der Chor stammt aus dem späten 14. Jahrhundert und verfügt über ein Wehrobergeschoss. Der mächtige Westturm besitzt einen Spitzhelm und einen Wehrraum im 3. Geschoss. Das Langhaus wurde im 15. Jahrhundert angebaut. Im Inneren sind Kreuzgratgewölbe, im Chor ist ein Kreuzrippengewölbe über Konsolen.

Gotska taborska cerkev, obdana z obrambnim obzidjem, leži na robu skalne stopnice. V listini omenjena l. 1202. Kor izvira iz poznega 14. stoletja in ima utrjeno nadstropje.

Kranzelhofen | Dvor

ANBETUNG | VEDNO ČEŠČENJE
19. Jänner | januar

PATROZINIUM | PATROCINIJ
Hl. Johannes der Täufer | sv. Janez Krstnik

FILIALKIRCHEN | PODRUŽNIČNE CERKVE
Kreuzkapelle | Križna kapela
Oberjeserz | Zgornje Jezerce
Hl. Michael | sv. Mihael
Unterwinklern | Spodnje Vogliče
Hll. Peter und Paul | sv. Peter in Pavel

Die Chorturmkirche vom Beginn des 13. Jahrhunderts verfügt im Langhaus über ältere Mauern und einen gotischen Chor aus der 2. Hälfte des 14. Jahrhunderts. Urkundlich 1175-1181 genannt. Der mächtige Turm ist bis zum 3. Geschoss romanisch, darüber gotisch. Der Helm stammt aus dem 19. Jahrhundert. Im Inneren befindet sich eine Flachdecke, im nördlichen Seitenschiff Kreuzgratgewölbe, im Chor ein Rippengewölbe.

Cerkev s kornim stolpom iz začetka 13. stoletja ima v vzdolžni ladji starejše zidove in gotski kor iz 2. polovice 14. stoletja. V listinah omenjena v letih 1175-1181. Mogočni stolp je do 3. nadstropja romanski, višje pa gotski. Šlem izvira iz 19. stoletja. Znotraj najdemo ploski strop, v severni stranski ladji grebenasto križne oboke, v koru rebrasti obok.

Lind ob Velden | Lipa ob Vrbi

ANBETUNG | VEDNO ČEŠČENJE
8. Juni | junij

PATROZINIUM | PATROCINIJ
Hl. Martin von Tours | sv. Martin Tourski

FILIALKIRCHEN | PODRUŽNIČNE CERKVE
St. Lamprecht | Semislavče
Hl. Lambert | sv. Lambert
Emmersdorf | Tmara vas
Hl. Laurentius | sv. Lovrenc
Kantnig | Konatiče
Hll. Petrus und Paulus | sv. Peter in Pavel

Die Kirche in gotisierenden Formen wurde 1843 erbaut und der mächtige Westturm im Jahr 1869 errichtet. Urkundlich ein Vorgängerbau um 1600 genannt, als Pfarre seit 1770 verzeichnet. Die Außenfassaden sind ohne Gliederungselemente, am Turm befinden sich Ecklisenen. Im Inneren überdecken flache böhmische Kappen zwischen stichbogigen Gurten über Wandlisenen den Raum. Wand- und Deckengemälde von 1892.

Cerkev z gotskimi elementi je bila zgrajena l. 1843, mogočni stolp na zahodni strani pa l. 1869. V listini je omenjena predhodna zgradba iz časa okoli l. 1600, kot župnijska cerkev zabeležena od l. 1770. Zunanja pročelja so brez razčlenjevalnih elementov, stolp ima na vogalih lizene. Znotraj prekrivajo prostor ploščate češke kape med sosvodniškimi loki nad stenskimi lizenami. Stenske in stropne slike iz l. 1892.

Maria Elend | Podgorje

ANBETUNG | VEDNO ČEŠČENJE
9. Juni | junij

PATROZINIUM | PATROCINIJ
Hl. Maria | sv. Marija

FILIALKIRCHE | PODRUŽNIČNA CERKVEV
St. Oswald | Št. Ožbolt Hl. Oswald | sv. Ožbalt

KAPELLEN | KAPELE
Bergkapelle | Kapelica Unsere Liebe Frau am Berge | Naša ljuba Gospa na gori

Kapelle neben der Gnadenkapelle | kapela ob Milostni kapeli

Kapelle im Haus Klara „Pflegeheim" | kapela v skrbniškem domu Klara

Die Wallfahrtskirche ist eine breitgelagerte spätgotische Hallenkirche aus der 2. Hälfte des 15. Jahrhunderts mit Nebenapsiden und wurde im Barock (1682-1690) verlängert und umgebaut. Urkundlich nach 1267 erbaut. Der Hauptchor ist achsenverschoben, der Nordturm ist im Kern romanisch. Im Inneren sind barocke Tonnengewölbe mit Stichkappen über Oktogonalpfeilern, im Chor Stichkappen mit Bandelwerkdekor (1731).

Romarska cerkev je široka poznogotska dvoranska cerkev iz 2. polovice 15. stoletja s stranskimi apsidami. V baroku (1682-1690) je bila podaljšana in prezidana. Po listinskem zapisu zgrajena po l. 1267. Glavni kor je pomaknjen iz osi, severni stolp je v jedru romanski. V notranjosti so banjasti oboki s sosvodnicami nad osmerokotnimi stebri, v koru sosvodnice s trakovnim okrasom (1731).

Petschnitzen | Pečnica

ANBETUNG | VEDNO ČEŠČENJE
17. November | november

PATROZINIUM | PATROCINIJ
Hl. Martin | sv. Martin

FILIALKIRCHE | PODRUŽNIČNA CERKEV
Unterferlach | Spodnje Borovlje
Hl. Gregor | sv. Gregor

Die kleine barockisierte spätgotische Kirche besitzt einen mächtigen Südturm mit Spitzgiebelhelm. Urkundlich 1283 erstmals erwähnt. Das Langhaus wurde im Barock errichtet, am Polygonalchor sind Wandmalereireste von 1504, Herzblattornamente und gestufte Strebepfeiler. Im Inneren befindet sich eine Flachtonne mit Stichkappen, im Chor spätgotisches Kreuzrippengewölbe über Wandvorlagen und Rankenmalerei.

Mala barokizirana poznogotska cerkev ima mogočen južni stolp s koničastočelnim šlemom. V listini prvič omenjena l. 1283. Vzdolžna ladja je iz baroka, v mnogokotnem koru so ostanki stenskih poslikav iz l. 1504, srčasti ornamenti in večstopenjski oporniki. Znotraj najdemo znižani banjasti obok s sosvodnicami, v koru poznogotsko križnorebrasti oboki nad stenskimi oporniki in vitičaste poslikave.

Rosegg | Rožek

ANBETUNG | VEDNO ČEŠČENJE
27. September | september

PATROZINIUM | PATROCINIJ
Hl. Michael | sv. Mihael

FILIALKIRCHEN | PODRUŽNIČNE CERKVE
Frojach | Broje Hl. Bartholomäus | sv. Jernej
St. Christof am Hum | Hum Hl. Christof | sv. Krištof

KAPELLE | KAPELA
Frög | Breg Unsere Liebe Frau | Naša ljuba Gospa

Die im Kern romanische Kirche mit einem spätgotischen Chor wurde nach der Zerstörung durch die Franzosen (1813) im Jahr 1819 in klassizistischen Formen wiederrichtet und nach Westen verlängert. Urkundlich 1069 erstmals genannt. Die spätgotischen Pfeiler blieben beim Umbau des Langhauses erhalten. Die Westfassade mit Giebelbekrönung ist dem Westturm vorgeblendet, beide mit klassizistischer Pilastergliederung.

V jedru romansko cerkev s poznogotskim korom so Francozi uničili (1813), l. 1819 ponovno zgrajena v klasicističnih oblikah in na zahodni strani podaljšana. V listini prvič omenjena l. 1069. Poznogotske stebre so pri prezidavi vzdolžne ladje ohranili. Zahodno pročelje s čelno krono izstopa pri zahodnem stolpu, oboje s klasicistično razčlenjenimi pilastri.

St. Egyden an der Drau | Št. Ilj ob Dravi

ANBETUNG | VEDNO ČEŠČENJE
14. Mai | maj

PATROZINIUM | PATROCINIJ
Hl. Ägidius | sv. Egidij

FILIALKIRCHEN | PODRUŽNIČNE CERKVE
Rupertiberg | Gora Hll. Ruprecht und Lucia | sv. Rupert in Lucija
Latschach | Loče Hl. Stefan | sv. Štefan
Humitz | Marija na Humce Hl. Maria | sv. Marija
Kathreinkogel | Sv. Katarina na Jerberku Hl. Katharina | sv. Katarina
Alte Pfarrkirche | stara farna cerkev Hl. Egydius | sv. Egidij

Die moderne Zentralraumkirche wurde 1973 errichtet und liegt südlich der alten gotischen Kirche hl. Egid auf einer Drautrasse. Nach Plänen des Architekten Josef Tusch wurde der quadratische Bau unter einem mächtigen vorkragenden Giebeldach erbaut. An allen Seiten befinden sich Fenster mit Strebepfeilern in der Mitte. Im Osten Glasmalerei von Anzolo Fuga (Murano).

Sodobna cerkev s središčnim prostorom je bila zgrajena l. 1973 in stoji južno od stare gotske cerkve sv. Egidija na trasi ob Dravi. Načrt kvadratne zgradbe pod mogočno izstopajočo čelno streho je izdelal arhitekt Josef Tusch. Na vseh straneh so okna z oporniki na sredini. Na vzhodni strani najdemo poslikave na steklu umetnika Anzola Fuge (Murano).

St. Jakob im Rosental | Št. Jakob v Rožu

ANBETUNG | VEDNO ČEŠČENJE
8. Juli | julij, 26. Jänner | januar

PATROZINIUM | PATROCINIJ
Hl. Jakobus der Ältere | sv. Jakob starejši

FILIALKIRCHEN | PODRUŽNIČNE CERKVE
Rosenbach | Podrožca Christkönig | Kristus Kralj **St. Peter | Št. Peter** Hl. Petrus und Paulus | sv. Peter in Pavel **Längdorf | Velika vas** Hl. Dionys | sv. Dionizij **Schlatten | Svatne** Hl. Ursula | sv. Uršula **Srajach | Sreje** Hl. Gertraud | sv. Jedrt **St. Johann | Št. Janž** Hl. Johannes der Täufer | sv. Janez Krstnik

KAPELLEN | KAPELI
Kapelle im Pfarrhof | kapela v župnišču
St. Peter | St Peter Hauskapelle der Schulschwestern | kapela šolskih sester

Die nach der Zerstörung durch die Türken 1489 wiedererrichtete Kirche fiel 1972 einem Brand zum Opfer. Bis auf den spätgotischen Chor wurde die Kirche neu erbaut und der Ostturm erneuert. Am schlichten modernen Langhaus befinden sich große Rundbogenfenster, die Vorhalle ist der Westfront in voller Breite vorgestellt. Im Chor ist ein Netzrippengewölbe auf Konsolen erhalten. Wandmalereien von Valentin Oman (1991).

Novo postavljena cerkev, ki so jo l. 1489 uničili Turki, je postala l. 1972 žrtev požara. Razen poznogotskega kora je bila cerkev na novo zgrajena, obnovljen je bil vzhodni stolp. V preprosti sodobni vzdolžni ladji vidimo velika okna v polkrožnem loku, lopa obsega celotno širino pred zahodnim pročeljem. V koru je ohranjen mrežastorebrasti obok na konzolah. S stenskimi poslikavami Valentina Omana iz l. 1991.

St. Niklas an der Drau | Šmiklavž ob Dravi

ANBETUNG | VEDNO ČEŠČENJE
5. Juni | junij

PATROZINIUM | PATROCINIJ
Hl. Nikolaus | sv. Nikolaj

FILIALKIRCHE | PODRUŽNIČNA CERKEV
Egg am Faakersee | Brdo ob Baškem jezeru
Hl. Andreas | sv. Andrej

KAPELLE | KAPELA
Graschitz | Krošiče

Die neobarocke Kirche wurde 1862 an der Stelle eines spätgotischen Vorgängerbaus von 1486 errichtet. Urkundlich 1370 genannt. Der Bau wurde nach einem Brand von 1910 erneuert. Der nördliche Turm zeigt historistischen Dekor und besitzt einen Spitzgiebelhelm. Am Langhaus und Chor sind spitzbogige Fenster. Im Inneren überspannt eine Flachtonne mit Stichkappen den Raum. Die Wandmalereien stammen von 1862.

Novobaročna cerkev je bila zgrajena na mestu poznogotske predhodne zgradbe iz l. 1486. V listini omenjena l. 1370. Zgradbo so obnovili po požaru l. 1910. Na severnem stolpu s koničastočelnim šlemom vidimo historični okras. V vzdolžni ladji in koru so okna s koničastim lokom. V notranjosti se razteza čez prostor znižani banjasti obok s sosvodnicami. Stenske poslikave so iz l. 1862.

Sternberg | Strmec

ANBETUNG | VEDNO ČEŠČENJE
10. Mai | maj

PATROZINIUM | PATROCINIJ
Hl. Georg | sv. Jurij

Die gotische Wehrkirchenanlage in dominierender Lage geht auf eine romanische Chorturmkirche zurück. Urkundlich 1285 genannt. Zahlreiche römische Spolien sind eingemauert. Im 14. Jahrhundert wurde der Chor angebaut. Die Renaissance-Vorhalle ist von 1586. 1820 wurde der im Kern romanische Turm erneuert (Helm). Im Inneren befinden sich spätgotische Netzrippengewölbe, im Chor Kreuzgewölbe des 14. Jahrhunderts.

Gotska taborska cerkev v prevladujoči legi je zgrajena na temeljih romanske cerkve s korskim stolpom. V listini omenjena l. 1285. Vzidani so številni rimski gradbeni preostanki. Kor so dogradili v 14. stoletju. Renesančna lopa je iz l. 1586. Leta 1820 so obnovili jedro romanskega stolpa (šlem). Znotraj najdemo mrežastorebraste oboke, na koru križne oboke iz 14. stoletja.

Velden am Wörthersee

ANBETUNG | VEDNO ČEŠČENJE
11. Dezember

PATROZINIUM | PATROCINIJ
Unsere Liebe Frau

FILIALKIRCHE
St. Jakob

Die moderne Kirche „Unsere Liebe Frau" liegt erhöht am westlichen Ortsrand und wurde 1937 vom bekannten Wörthersee-Architekten Franz Baumgartner erbaut. Die Kirche wurde 1949 zur Pfarre erhoben. Die breit gelagerte Vorhalle mit einer hohen Rundbogenfensterreihe stammt von 1962. Der Rechteckbau ist nach Westen orientiert und besitzt einen schlichten hohen Südostturm. Im Inneren sind das Haupt- und das nördliche Seitenschiff flach gedeckt, die halbkreisförmige Apside ist gewölbt.

DEKANAT

St. Andrä im Lavanttal

Ettendorf • Lamm • Lavamünd • Maria Rojach • Pölling • Pustritz • St. Andrä im Lavanttal • St. Georgen im Lavanttal • St. Lorenzen am Lorenzenberg • St. Martin im Granitztal • St. Paul im Lavanttal • St. Ulrich an der Goding • Wölfnitz/Saualpe

Ettendorf

ANBETUNG
2. März

PATROZINIUM
Hl. Markus

FILIALKIRCHEN
St. Vinzenz Lamprechtsberg
Hl. Lambertus

Weissenberg
Kapelle „Heilig Blut"

Die am Berghang der Koralpe gelegene überwiegend historistische Kirche wurde nach einem Brand 1861 wiedererrichtet und verfügt noch über einen gotischen Chor des Vorgängerbaus. Der Westturm mit Spitzgiebelhelm und die Langhausfassaden besitzen eine schlichte teilweise romanisierende Fries- und Lisenengliederung. Im Inneren befindet sich ein Tonnengewölbe mit Stichkappen über einer Wandpilastergliederung des 19. Jahrhunderts, der Polygonalchor hat ein gotisches Kreuzrippengewölbe. Die Glasgemälde im Chor sind von 1904. Im Friedhof steht eine Rechteckkapelle von 1930.

Lamm

ANBETUNG
3. August

PATROZINIUM
Hl. Georg

Die romanisch-gotische Kirche liegt malerisch auf einem Ausläufer der Saualpe und wird von einer teilweise abgetragenen ehemaligen Wehrmauer und barockem Pfarrhof umgeben. Urkundlich 1619 genannt. Das Langhaus verfügt über romanisches Mauerwerk und Rundbogenfenster. In der südlichen Mauer sind 2 frühmittelalterliche Steinköpfe vermauert. Der weithin sichtbare Südturm und der hohe Chor stammen aus der Spätgotik. Am Chor ist das östliche Fenster mit einem Vierpass-Maßwerk ausgestattet. Im Inneren befinden sich eine Flachdecke und im Chor ein Kreuzgratgewölbe des 16. Jahrhunderts.

Lavamünd

ANBETUNG
7. April

PATROZINIUM
Mariä Himmelfahrt

FILIALKIRCHEN
Unterbergen
Hl. Agnes
Marktkirche
Hl. Johannes der Täufer
Heiligste Dreifaltigkeit Jakobskirche
Hl. Jakobus

Die stattliche Staffelhallenkirche des 15. Jahrhunderts wird vom Friedhof umgeben, verfügt über einen hohen Chor des 14. Jahrhunderts und einen mächtigen spätgotischen Westturm mit Pyramidenhelm. Urkundlich 1193 genannt. Chor und Langhaus sind mit gestuften Strebepfeilern umstellt. Profiliertes Westportal in der kreuzrippengewölbten Turmvorhalle. Im Inneren befinden sich spätgotische Netz- und Kreuzrippengewölbe über Oktogonalpfeilern mit Kämpfergesimsen und Konsolköpfen. Der Chor besitzt ein Kreuzrippengewölbe aus dem 14. Jahrhundert und Maßwerkfenster mit Glasmalereiresten.

Maria Rojach

ANBETUNG
20. Dezember

PATROZINIUM
Mariä Himmelfahrt

FILIALKIRCHE
Gemmersdorf
Hl. Laurentius

Die einheitlich gotische Kirche wird teilweise von einer ehemaligen spätgotischen Wehranlage mit Rundturm umgeben und entstand in der 2. Hälfte des 14. Jahrhunderts. Urkundlich 1314 genannt, als Pfarre seit 1480. Dreistufige Strebepfeiler umstellen Langhaus und Chor. Der massige Westturm besitzt eine Vorhalle im Erdgeschoss mit Kreuzrippengewölbe und ein barockes Schallgeschoss mit Zwiebelhelm. Im Inneren befinden sich Kreuzrippengewölbe über gebündelten Diensten, Kopfkonsolen und Wandmalereien des frühen 15. und 16. Jahrhunderts, im Chor sind Kreuzrippengewölbe und Wandmalereien um 1370/80.

Pölling

ANBETUNG
22. Mai

PATROZINIUM
Hl. Johannes der Täufer

FILIALKIRCHE
Tschrietes
Hl. Margaretha

Die überwiegend barockisierte Kirche wird von einer ehemaligen Wehrmauer umgeben und besitzt einen spätgotischen Chor und einen Nordturm mit Spitzhelm des Vorgängerbaus. Urkundlich 1314 genannt. Der Chor besitzt zweibahnige Maßwerkfenster. Im barocken Langhaus befindet sich ein Tonnengewölbe mit Stichkappen über Wandpilastern mit Stucksonnen, Stuckrosetten und Vierpässen von 1655 (?). Im Chor ein Sternrippengewölbe über Runddiensten. Wandmalerei der Renaissance im Chor mit typologischen Szenen von 1539.

Pustritz

ANBETUNG
14. Dezember

PATROZINIUM
Mariä Heimsuchung

Die Wallfahrtskirche am Hang der Saualpe ist eine im Kern romanische Kirche, die durch einen spätgotischen Umbau 1430 bis 1500 geprägt wird. Urkundlich 1196 genannt. Der Chor wurde um 1500 vollendet. Umgestaltungen erfolgten im Barock und Mitte des 19. Jahrhunderts. Der mächtige gotische Westturm trägt einen Pyramidenhelm und hat eine Turmvorhalle im Erdgeschoss. Am Gesamtbau befinden sich zweiteilige Maßwerkfenster. Im Inneren ist ein Gewölbe von 1854 über breiten Putzlisenen, im Chor ein Netzrippengewölbe. Wandmalerei im Langhaus von 1480, Deckengemälde von Primus Haberl von 1855.

St. Andrä im Lavanttal

ANBETUNG
6. Oktober

PATROZINIUM
Hl. Andreas

FILIALKIRCHEN
Siebending Hll. Sebastian und Rochus
Schönweg Hl. Oswald **Jakling** Hll. Johannes und Paulus **Kollnitz** Hl. Jakob **Fischering** Hl. Martin

KAPELLEN
Friedhofkapelle Blaiken-Wegkapelle Hl. Johannes Nepomuk **Schloß Kolleg** Hl. Thomas **Klosterkapelle Maria Loretto Kapelle in der ehemaligen Bischofsresidenz**

Die ehemalige Domkirche ist eine Basilika des 14./15. Jahrhunderts mit Veränderungen des 18./19. Jahrhunderts. Der basilikale Charakter wird durch Zubauten verschleiert. Vermutlich die älteste Pfarre des Lavanttales. Urkundlich 1145 genannt. Augustiner Chorherrnstift um 1225 gegründet (bis 1798). Der Bau besitzt 2 Türme, der westliche romanisch, der nördliche gotisch, die Spitzhelme 19. Jahrhundert. Westlich ein neogotischer Vorhallenbau 1876. Im Mittelschiff Kreuzrippengewölbe vom Beginn des 15. Jahrhunderts, seitlich barocke Gewölbe. Im Chor Kreuzrippen der 2. Hälfte des 14. Jahrhunderts.

St. Georgen im Lavanttal

ANBETUNG
4. März

PATROZINIUM
Hl. Georg

FILIALKIRCHE
Andersdorf
Heiliges Kreuz

Die ehemalige Chorturmkirche geht auf das 12./13. Jahrhundert zurück und wurde im Barock verlängert und umgestaltet. Die Kirche wird von einer Mauer und einem ehemaligen gotischen Rundkarner mit Rechteckapsis umgeben. Urkundlich 1184 genannt, seit 1246 als Pfarre verzeichnet. Der mächtige romanische Chorturm im Osten trägt einen Spitzgiebelhelm. Das Langhaus verfügt über barocke Fenster (3 romanische Fenster aufgedeckt). Im Inneren befindet sich eine barocke Flachdecke. Der Chor im Turmerdgeschoss hat Kreuzrippengewölbe aus der 1. Hälfte des 14. Jahrhunderts und figürliche Konsolen.

St. Lorenzen am Lorenzenberg

ANBETUNG
30. August

PATROZINIUM
Hl. Laurentius

FILIALKIRCHE
Magdalensberg
Hl. Maria Magdalena

Die kleine im Kern gotische Kirche liegt in 927 Meter Seehöhe auf einem Ausläufer der Koralpe. Urkundlich 1619, seit 1790 als Pfarre verzeichnet. Dominiert wird der Gesamtbau von dem hoch aufragenden Fassadenturm im Westen mit einem gestreckten Spitzhelm des 19. Jahrhunderts. Der schlichten Westfassade ist eine offene Laube vorgebaut. Im nach Westen verlängerten Langhaus befinden sich Kreuzgratgewölbe Ende des 18./19. Jahrhunderts, im Polygonalchor ist eine Halbkuppel mit Stichkappen.

St. Martin im Granitztal

ANBETUNG
22. Oktober

PATROZINIUM
Hl. Martin

FILIALKIRCHE
St. Nikolaus am Windischen Weinberg

KAPELLE
Friedhofskapelle

Die barockisierte gotische im Kern romanische Kirche wird vom Friedhof und einem romanischen Rundkarner umgeben. Urkundlich 1140 gegründet. Der gotische Chor ist von Strebepfeilern umstellt. Der Südturm trägt ein Pyramidendach und ist bis ins Glockengeschoss gotisch. Am Langhaus sind barocke Rechteckfenster, die Westfassade verfügt über einen Schopfwalmgiebel. Am Gesamtbau ist ein gemalter Eckquaderdekor in barocken Formen. Im Inneren befinden sich Kreuzgratgewölbe über Wandpfeilern, im Chor über Konsolen.

St. Paul im Lavanttal

ANBETUNG
11. Juli

PATROZINIUM
Hl. Paulus

FILIALKIRCHEN
St. Margarethen Weinberg Hll. Benedikt und Scholastika
Josefsberg
St. Erhard
Johannesberg Hl. Johannes

KAPELLE
Kalvarienbergkapelle

Die Stiftskirche liegt erhöht vom Benediktinerkloster umgeben und ist eine romanische Pfeilerbasilika mit weithin sichtbarer Doppelturmfassade im Westen. Der Vorgängerbau wurde 1064 begonnen, Klostergründung 1091, Weihe der Kirche 1093. Heutiger Bau 1192-1222 vollendet. An den Ostseiten des Querhauses und des Chores befinden sich Apsiden. Der Gesamtbau besteht aus romanischem Quadermauerwerk mit Rundbogen- und Schachbrettfriesen. Im Inneren Sternrippengewölbe von 1468, im Querhaus und Chor nach Brand 1367 Einzug von Kreuzrippengewölben. Stifterfresko von Thomas von Villach 1493.

St. Ulrich an der Goding

ANBETUNG
4. Juli

PATROZINIUM
Hl. Ulrich

FILIALKIRCHE
Reideben

KAPELLE
Goding

Die barockisierte und um 1820 veränderte Kirche geht im Kern auf das 15. Jahrhundert zurück. Urkundlich 1313 genannt, nach Brand im Jahr 1676 wieder hergestellt. Der Nordturm mit Spitzhelm verfügt über Zwillingfenster im Schallgeschoss. Der eingezogene Polygonalchor aus dem 1. Drittel des 15. Jahrhunderts besitzt 3 gotische Maßwerkfenster mit Fischblasenornamentik. Im Inneren befinden sich barocke Platzlgewölbe zwischen Gurtbögen über einer Wandpilastergliederung. Im Chor gotische Kreuzrippengewölbe über Runddiensten. Reste von Wandmalereien aus dem 2. Viertel des 15. Jahrhunderts.

Wölfnitz/Saualpe

PATROZINIUM
Hl. Michael

FILIALKIRCHEN
St. Leonhard auf der Saualpe
Hl. Margareta in Tschrietes

Die romanische Kirche liegt in 1127 Meter Seehöhe und wird von einer ehemaligen Wehrmauer umgeben. Urkundlich 1237 erstmals erwähnt. Im 15. Jahrhundert wurden der Nordturm und der Polygonalchor errichtet. Das Langhaus erfuhr eine Erweiterung um 2 Joche im Barock. Der massige Turm trägt einen Pyramidenhelm und dreibahnige Schallfenster. Im Inneren befinden sich Netzrippengewölbe, im Westen Kreuzgratgewölbe. Im Chor ist ein Kreuzrippengewölbe auf Kopfkonsolen des 15. Jahrhunderts.

DEKANAT

St. Veit an der Glan

Brückl • Glantschach • Gradenegg • Hl. Driefaltigkeit/Gray • Kraig • Launsdorf und St. Sebastian • Liemberg • Maria Pulst • Meiselding • Obermühlbach • Sörg • St. Donat • St. Georgen am Längsee • St. Peter bei Taggenbrunn • St. Ulrich am Johannserberg • St. Veit an der Glan • Steinbichl • Zweikirchen

Brückl

ANBETUNG
9. Jänner

PATROZINIUM
Hl. Johannes der Täufer

FILIALKIRCHEN
St. Magdalena in Freßlitzen
Maria Magdalena
St. Lorenzen am Johannserberg
Selesen
14 Nothelfer

Die einheitlich spätgotische Kirche wurde Anfang des 16. Jahrhunderts errichtet und besteht aus einem Saallanghaus und einem aus der Achse gerückten großen Polygonalchor. Urkundlich zwischen 1207 und 1230 genannt. Eine Restaurierung erfolgte 1903. Der markante Südturm trägt einen Spitzhelm und prägt das äußere Erscheinungsbild. Der Gesamtbau ist von Strebepfeilern umstellt. Im Westen und Süden sind reich profilierte Portale („1521"). Im Inneren befinden sich Sternrippengewölbe auf Runddiensten vom Beginn des 16. Jahrhunderts. Den Chor überspannt ebenfalls ein Sternrippengewölbe.

Glantschach

ANBETUNG
11. Februar

PATROZINIUM
Hl. Andreas

FILIALKIRCHE
St. Leonhard
Hl. Leonhard

Die im Kern romanische gotische Kirchenanlage aus dem 14. und 15. Jahrhundert wird von Mauer und Karner aus dem 12./13. Jahrhundert umgeben. Urkundlich zwischen 958 und 991 erbaut. Teile des Ursprungsbaus des 10. Jahrhunderts vermutlich integriert. Der spätgotische Chor und der für Kärnten einzigartige achteckige Turm mit Giebelspitzhelm sind aus dem 15. Jahrhundert. An der Westfassade Freskovorzeichnung von 1350. Die Vorlaube mit Opfertisch ist aus dem 18. Jahrhundert. Im Inneren befinden sich Kreuzgratgewölbe aus dem 16./17. Jahrhundert. Im Chor Stuckgratgewölbe des 16. Jahrhunderts.

Gradenegg

ANBETUNG
28. Februar

PATROZINIUM
Hl. Nikolaus

FILIALKIRCHE
Freundsam
Hl. Johannes der Täufer

Die im Kern romanische Kirche verfügt über einen Polygonalchor aus der 1. Hälfte des 14. Jahrhunderts, ein im 16. Jahrhundert umgebautes und in Teilen auf die Romanik zurückgehendes Langhaus und den 1788 errichteten Westturm. Urkundlich 1285 genannt. Im Inneren befinden sich Netzgratgewölbe des 16. Jahrhunderts auf Wandpfeilern. Die Deckenmalerei ist aus dem 18. Jahrhundert. Der Chor hat Kreuzgratgewölbe und Wandmalerei aus der 1. Hälfte des 14. Jahrhunderts.

Hl. Dreifaltigkeit am Gray

ANBETUNG
6. April

PATROZINIUM
Heiligste Dreifaltigkeit

Das malerisch gelegene barocke Ensemble ist Beispiel für eine in Österreich seltene Blockbaukirche Ende des 18. Jahrhunderts. Der Legende nach wurde eine Holzkirche dort errichtet, wo einem Bauern die Heilige Dreifaltigkeit erschienen war. Urkundlich erstmals 1724 genannt, 1785 zur Pfarre erhoben. Der gemauerte Chor und die Sakristei wurden 1785 erbaut, das Langhaus in Blockbauweise ist vermutlich älter. Der hölzerne historisierende Dachreiter wurde 1865 aufgesetzt. Im Inneren befindet sich ein Flachtonnengewölbe und schablonierter Architekturdekor von 1858.

Kraig

ANBETUNG
10. Jänner

PATROZINIUM
Hl. Johannes der Täufer

KAPELLEN
Ulrichskapelle
Hl. Ulrich

St. Johann von Nepomuk

Die spätgotische Hallenkirche besitzt einen Chor des 14. Jahrhunderts und einen freistehenden gotischen Turm. Ehemalige Wehrkirchenanlage. Urkundlich 1216-1218 erwähnt, in der Reformationszeit war Kraig ein Zentrum der Protestanten. Über dem Langhaus erhebt sich ein Dachreiter, im Westgiebel Schießscharten. Eine Säulenvorhalle von 1590 ist im Westen vorgestellt. Baudetails sind aus dem 16. Jahrhundert. Das Langhaus wurde durch Zubau des Seitenschiffes um 1535 zur Halle. Im Inneren sind spätgotische Netzrippengewölbe über Oktogonalpfeilern, im Chor Kreuzrippengewölbe des 14. Jahrhunderts.

Launsdorf und St. Sebastian

ANBETUNG
5. Mai, 28. August

PATROZINIUM
Mariä Himmelfahrt

FILIALKIRCHEN
Kirche Hochosterwitz Hll. Johann Nepomuk und Nikolaus
St. Sebastian Hl. Sebastian
Gösseling Hl. Michael
St. Martin Hl. Martin

KAPELLE
Hochosterwitz-Burgkapelle Hl. Nikolaus

Die im Kern romanische Chorturmkirche wurde im 14. und 15. Jahrhundert um- und ausgebaut. Urkundlich 1303 genannt. 1983 wurde die barocke Vorlaube abgebrochen und das Langhaus erweitert, neue Vorhalle errichtet. Der romanische Turm ist oben gotisch und trägt einen barocken Zwiebelhelm. Der Chor ist von Strebepfeilern umstellt. Die Anbauten stammen aus dem 14. Jahrhundert. Im Inneren befindet sich ein niedriges Kreuzrippengwölbe auf Wandvorlagen der 2. Hälfte des 15. Jahrhunderts mit reliefierten Schlusssteinen. Im Chor und Turmjoch sind Sternrippengewölbe des späten 15. Jahrhunderts.

Liemberg

PATROZINIUM
Hl. Jakobus der Ältere

FILIALKIRCHEN
Wasai
Hl. Martin
Veitsberg
Hl. Vitus

Die im Kern romanische Kirche wurde im 15. Jahrhundert ausgebaut und im 18. Jahrhundert barockisiert. Der Westteil des Langhauses entstand in der Mitte des 19. Jahrhunderts. Urkundlich 1285 erwähnt, als Pfarre seit 1304 verzeichnet. Der mächtige Nordturm ist im Kern romanisch und trägt einen Spitzgiebelhelm. Die Westfassade verfügt über einen geschweiften Giebel von 1783. Der Chor stammt aus der 1. Hälfte des 15. Jahrhunderts. Im Inneren befindet sich ein Tonnengewölbe des 19. Jahrhunderts und Stuckgratgewölbe vom Anfang des 16. Jahrhunderts. Im Chor sind Kreuzgratgewölbe.

Maria Pulst

ANBETUNG
11. Februar

PATROZINIUM
Mariä Himmelfahrt

FILIALKIRCHEN
Lebmach
Hl. Bartholomäus
Liebenfels

Die weithin sichtbare spätgotische Kirche des 15./16. Jahrhunderts hat ältere Mauern und wird von ehemaliger Wehranlage umgeben. Urkundlich zwischen 1216 und 1218 genannt. Der spätgotische Westturm von 1535/37 ist in die Wehrmauer eingebunden und hat ein Sterngratgewölbe im Erdgeschoss. Im Süden spätgotischer Kapellenanbau, im Norden ist ein profiliertes Kielbogenportal. Das weiträumige Innere wird von Netzrippengewölben auf Wandpfeilern überspannt. Im Chor sind ein Sternrippengewölbe und zweibahnige Maßwerkfenster des 15. Jahrhunderts. Rechteckiger spätromanischer Karner (Ende 13. Jahrhundert).

Meiselding

PATROZINIUM
Hl. Andreas

FILIALKIRCHEN
Dielach
Hl. Antonius Eremita
Straganz
Hlgst. Dreifaltigkeit
Treffling
Hl. Michael

KAPELLE
Rastenfeld
Hl. Johannes Nepomuk

Die romanische Chorturmkirche aus der 2. Hälfte des 12. Jahrhunderts wurde in der Spätgotik und im Barock umgebaut. Urkundlich 1216/18 erstmals genannt. Das Mauerwerk des Turms und des Langhauses geht auf die Romanik zurück. An der Südfassade Christophorusfresko von 1600. Der hohe gotische Chor stammt von 1400 und verfügt über Strebepfeiler. Das barocke Westjoch des Langhauses wurde um 1775 zugebaut. Im Inneren befinden sich Sternrippengewölbe über seichten Wandpfeilern der 2. Hälfte des 15. Jahrhunderts. Im Chorquadrat und im Polygon sind Kreuzrippengewölbe und 2 Maßwerkfenster.

Obermühlbach

ANBETUNG
16. März

PATROZINIUM
Hl. Georg

FILIALKIRCHEN
Treffelsdorf Hl. Margareta
Nußberg Hl. Oswald

KAPELLEN
Dornhof-Schlosskapelle Unsere Liebe Frau
Freiberg
Kapelle Frauenstein Schlosskapelle

Die barockisierte gotische Kirche des 15. Jahrhunderts wird von einer hohen ehemaligen Wehrmauer umgeben. Urkundlich 1131 genannt. Die barocke Sakristei steht an der Stelle des ehemaligen gotischen Turms, der barocke Westturm mit Blendfenstern und Putzdekor wurde auf 4 Pfeilern der Westfront vorgebaut und nach 1759 verändert. In den Außenmauern sind zahlreiche römische Spolien vorhanden. Das Innere überspannt eine barocke Stichkappentonne, im Chor befindet sich ein gotisches Gewölbe auf Konsolen.

Sörg

ANBETUNG
19. April

PATROZINIUM
Hl. Martin

FILIALKIRCHEN
Hart
Hll. Peter und Paul

Lorenziberg
Hl. Laurentius

Die markante spätgotische Kirche des 15./16. Jahrhunderts wird von einer ehemaligen Wehrmauer und einem weithin sichtbaren freistehenden romanischen Chorturm (des Vorgängerbaus) umgeben. Urkundlich zwischen 1060 und 1088 erwähnt. Über dem Langhaus befindet sich ein Dachreiter, vor der Westfassade steht eine gemauerte Vorhalle. Der eingezogene Chor wird von Strebepfeilern umstellt, die Fenster sind barock verändert. Im Inneren befinden sich Netzrippengewölbe des 16. Jahrhunderts (um 1527) teilweise über Konsolen/Wandpfeilern. Im Chor sind dekorative Netzgratgewölbe des 16. Jahrhunderts.

St. Donat

PATROZINIUM
Heiliger Donatus

FILIALKIRCHE
St. Andrä Kollerhof

Die barockisierte gotische Kirche wird von einer Mauer umgeben, verfügt über romanische Mauern des Vorgängerbaus und einen mächtigen spätgotischen Nordturm mit Spitzhelm. Urkundlich 1154 genannt. Der schlichten Westfassade mit steiler Giebelwand ist eine barocke Vorlaube vorgestellt. Die Fenster sind am gesamten Bau barock. An den Außenmauern wurden zahlreiche römische Spolien mit Figurenreliefs vermauert. Im Inneren befindet sich eine Einwölbung aus der Mitte des 19. Jahrhunderts (ursprünglich flach gedeckt). Im Chor sind barocke Gratgewölbe über gotischen Konsolen mit Rippenanläufen.

St. Georgen am Längsee

ANBETUNG
16. Jänner

PATROZINIUM
Hl. Georg

FILIALKIRCHEN
Maria Wolschart
Friedhofskapelle
Hl. Jakob

KAPELLEN
Rottenstein
Hl. Karl Borromäus
Kapelle in Wolschart

Die ehemalige Stiftskirche im Verband des Benediktinerinnenklosters wurde im 14. Jahrhundert über einem romanischen Vorgängerbau errichtet. Urkundlich 1002-1018 gegründet. Klosteranlage 1654-58 von Pietro Francesco Carlone barock umgestaltet. An die gotische Saalkirche wurde ein Turm 1676 (Helm 1827) vorgebaut und ein Laubengang. Westfassade ist im Stiftskomplex integriert. Das romanische Westportal im 16. Jahrhundert nach Norden verbracht. Das Innere wurde 1698 barockisiert. Die Kreuzgratgewölbe werden durch Gurte gegliedert. Die Vorhalle mit stuckiertem Kreuzgewölbe von 1670/80.

St. Peter bei Taggenbrunn

ANBETUNG
14. Juli

PATROZINIUM
Hl. Petrus

FILIALKIRCHE
Dürnfeld
Hl. Pankratius

Die im Kern romanische Chorturmkirche verfügt über einen gotischen Chor und Langhaus des 16. Jahrhunderts, das im 19. Jahrhundert verlängert wurde. Urkundlich 860 und 927 erwähnt. Der ehemalige Chorturm wurde in der 1. Hälfte des 19. Jahrhunderts erhöht und bekam einen geschweiften Helm. Im Westen befinden sich ein Kielbogenportal und eine biedermeierliche Pfeilervorhalle. Im Süden ist ein Christophorusfresko aus der 2. Hälfte des 16. Jahrhunderts. Im Inneren sind Sternrippengewölbe um 1520, im Westjoch Tonnengewölbe des 19. Jahrhunderts, im Chor Kreuzgratgewölbe des 13./14. Jahrhunderts.

St. Ulrich am Johannserberg

PATROZINIUM
Hl. Ulrich

Die weithin sichtbare spätgotische Kirche entstand in der Zeit um 1500 und besitzt einen massigen Westturm mit Spitzhelm und Vorhalle, der das äußere Erscheinungsbild prägt. Eine weitere Bautätigkeit ist für 1589 beurkundet. Am Polygonchor stehen Strebepfeiler, südlich ist ein zweigeschossiger Sakristeianbau. Das Innere wird von spätgotischen Netzrippengewölben auf halbrunden Vorlagen überspannt, im Chor Netzrippengewölbe über Konsolen mit Schlusssteinen (15(0)3). Die Gewölbemalerei mit Engeln und Ranken entstand Ende des 16. Jahrhunderts wie auch die Architekturpolychromie.

St. Veit an der Glan

ANBETUNG
21. September

PATROZINIUM
Hl. Dreifaltigkeit

FILIALKIRCHEN
Ehemalige Spitalskirche Hll. Martin und Elisabeth
Klosterkirche Unsere Liebe Frau
Kalvarienbergkirche Maria Loreto

KAPELLE
Waldkapelle am Muraunberg
Maria Loreto

Die spätgotische Chorturmkirche geht auf die Romanik zurück. Nach dem Brand von 1829 wurde der Bau wiederaufgebaut. Eine Regotisierung fand 1884-1891 statt. Urkundlich 1131 genannt. Umbau der Seitenschiffe 1829. Der Gesamtbau ist von Strebepfeilern umstellt. Der oktogonale Turm trägt einen neogotischen Helm. An der Westfront ist ein neogotisch renoviertes Trichterportal mit Tympanonrelief von 1210. Viele Grabdenkmäler an den Außenmauern. Im Inneren sind die Pfeilerarkaden der romanischen Pfeilerbasilika erhalten. Der gotische Ausbau erfolgte in Etappen im 14. und 15. Jahrhundert.

Steinbichl

ANBETUNG
21. April

PATROZINIUM
Hl. Nikolaus

Die kleine frühgotische Kirche in Hanglage geht im Kern auf die Romanik zurück. Sie wurde Anfang des 16. Jahrhunderts umgebaut und mit Gewölben und Altarraum ausgestattet. Der mächtige Südturm mit Pyramidendach ist weithin sichtbar und wird durch ein gemaltes Maßwerkfries geschmückt. Im Polygonalchor sind noch 3 Maßwerkfenster vorhanden. An der Langhausnordwand ein Christophorusfresko von 1533. Im Inneren befinden sich Kreuzrippengewölbe über Vorlagepfeilern. Im Chor ist ein spätgotisches Netzrippengewölbe.

Zweikirchen

ANBETUNG
11. Februar

PATROZINIUM
Hll. Johannes Baptist und Stephanus

FILIALKIRCHEN
St. Peter am Bichl
Hl. Stephanus

Die barockisierte gotische Kirche besitzt ältere Mauerteile im Langhaus und wird zusammen mit der Filialkirche Hl. Stephanus von einer Mauer umgeben. Urkundlich 1233 erstmals erwähnt. Der Südturm wurde 1584 errichtet, der Spitzhelm ist historisierend aus dem 19. Jahrhundert. An der Langhausmauer im Westen sind Römersteine vermauert. Die Barockisierung des Langhauses stammt von 1721. Im Inneren bedeckt den Raum eine barocke Flachdecke mit einem Deckengemälde von 1738. Im Chor ist ein Netzgratgewölbe mit Putzrippen aus der 1. Hälfte des 16. Jahrhunderts.

DEKANAT

Spittal an der Drau

Amlach • Baldramsdorf • Feistritz an der Drau • Fresach • Kamering • Kellerberg • Kreuzen • Möllbrücke • Molzbichl • Paternion • Pusarnitz • Rubland • Spittal an der Drau • St. Paul ob Ferndorf • St. Peter im Holz • Stockenboi • Weißenstein

Amlach

ANBETUNG
9. September

PATROZINIUM
Hl. Markus

Die 1756 barockisierte und umgestaltete kleine Kirche ist im Kern ein gotischer Bau. Die schlichten Langhausmauern weisen keine Gliederungselemente auf. Für das äußere Erscheinungsbild Ausschlag gebend ist der hölzerne Dachreiter mit Zwiebelhelm am Ostende des Saalbaus und der Polygonalchor. Wenige Baudetails sind aus der Spätgotik erhalten. Im barockisierten Inneren befindet sich eine Flachdecke und ein rundbogiger Triumphbogen, der Chor ist ebenfalls mit einer Flachdecke ausgestattet.

Baldramsdorf

ANBETUNG
10. November

PATROZINIUM
Hl. Martin

FILIALKIRCHEN
Gschiess
Hl. Anna
Lampersberg
Hl. Lambertus
Gendorf
Hl. Nikolaus

Der repräsentative spätgotische Kirchenbau wurde laut Inschrift von Baumeister Laurenz Rieder 1522 kunstvoll eingewölbt. Der Bau verfügt über ein mächtiges Hallenlanghaus, einen längeren Nord- und kürzeren Südchor. Urkundlich bereits Anfang des 12. Jahrhunderts erwähnt, als Pfarre 1258. Der Turm im Westen ist freistehend, die unteren Geschosse sind spätgotisch, das Obergeschoss und der Helm von 1885. Im Inneren besitzt die 2schiffige Halle ein reiches Netzrippengewölbe über 2 Oktogonalpfeilern und Wandpfeilern. Im Nordchor befinden sich Netzrippengewölbe, im Südchor Sternrippen.

Feistritz an der Drau

ANBETUNG
22. Jänner

PATROZINIUM
Hl. Georg

FILIALKIRCHEN
Neufeffernitz
Hl. Kreuz
Pöllan
Hll. Philipp und Jakob

KAPELLE
Maria am Bichl
Hl. Maria

Die spätgotische Kirche vom Ende des 15. Jahrhunderts verfügt über ein Gewölbe von Baumeister Bartlmä Viertaler von 1521. Der repräsentative Bau wird durch den mächtigen viergeschossigen Westturm mit Zwiebelhelm geprägt. Urkundlich 1169 genannt. An den Langhauswänden barocke Fenster. Am Polygonalchor abgetreppte Strebepfeiler. Das Innere wird durch ein reiches Schlingrippengewölbe ausgefüllt, das Rosetten bildet und Wappenschlusssteine zeigt. Der Chor hat Sternrippengewölbe auf Konsolen und spätbarocke Gewölbedekorationen. Unter der Empore Astrippengewölbe. Unter dem Chor ist ein Ossarium.

Fresach

ANBETUNG
16. Februar

PATROZINIUM
Hl. Blasius

Die Kirche liegt beherrschend über dem Dorf. Der Bau besteht aus einem romanischen (13. Jahrhundert) in der Gotik verlängerten Langhaus und einem Polygonalchor des 14. Jahrhunderts. Urkundlich 1565 genannt. Der massive Sakristeiturm mit Pyramidenhelm im Norden stammt von 1515-23. Die Kirche wurde 1885 renoviert. Am Bau sind einige gotische Baudetails (Westportal) und ein Beinhaus im Turmerdgeschoss. Im Inneren befindet sich eine Flachdecke, das Deckengemälde stammt von Andreas Paßler 1885. Im Chor sind Kreuzrippengewölbe auf Konsolen und ein zweibahniges Maßwerkfenster.

Kamering

ANBETUNG
9. August

PATROZINIUM
Maria Dornach

KAPELLE
Tragail
Hl. Magdalena

Die im Kern spätgotische Kirche besitzt einen gotischen Chor des 15. Jahrhunderts und ein im Barock neu errichtetes Langhaus. Urkundlich 1085-97 genannt. Das Äußere wird durch den hölzernen Dachreiter mit Giebelspitzhelm geprägt, der über dem östlichen Langhaus aufragt. Die Außenmauern zeigen die barocke Architekturfassung. Im Inneren befindet sich eine hölzerne Flachdecke. Der Chor verfügt über Kreuzgratgewölbe mit Schlusssteinen.

Kellerberg

ANBETUNG
21. August

PATROZINIUM
Hl. Ulrich

FILIALKIRCHE
Töplitsch
Hl. Lamberg

Die barockisierte, im Kern gotische Kirche aus dem 15. Jahrhundert verfügt über einen Chor, der teilweise noch aus dem frühen 14. Jahrhundert stammt. Der weithin sichtbare Westturm wurde 1902 errichtet. Urkundlich 1308 genannt. An den Seitenwänden des barock veränderten Langhaus befinden sich erneuerte Spitzbogenfenster, am Chor sind einfache Strebepfeiler. Der neogotische Turm ist durch eine Zwischenhalle mit dem Langhaus verbunden. Im Inneren befinden sich eine Flachdecke, im Chor Kreuzrippengewölbe und Schlusssteine.

Kreuzen

PATROZINIUM
Hll. Vitus und Leonhard

KAPELLE
St. Johann
Hl. Johannes der Täufer

Die barockisierte spätgotische Kirche um 1500 verfügt über einen barocken im Westen vorgestellten Vorhallenturm. Um 1330 wurde eine hölzerne Kirche errichtet, die um 1500 durch einen gemauerten Bau ersetzt wurde. An den Langhausmauern befinden sich spätbarocker Pilasterdekor und barockisierte Fenster. Im Westen ist ein spätgotisches Spitzbogenportal. Im Inneren überdeckt ein spätgotisches Netzrippengewölbe den Saalraum und den Chorraum. Die Malerei im Chorgewölbe stammt von 1862.

Möllbrücke

ANBETUNG
16. Juli

PATROZINIUM
Hl. Leonhard

FILIALKIRCHE
St. Magdalena am Lurnfeld
Hl. Magdalena

Der große spätgotische Bau ist eine ehemalige Wehrkirche aus der 2. Hälfte des 15., Anfang des 16. Jahrhunderts. Urkundlich 1499 genannt. Der mächtige Turm steht südlich des Chores, trägt einen Pyramidenhelm und ist mit 1527 bezeichnet. Die Langhausmauern und der Polygonalchor sind von abgetreppten Strebepfeilern umstellt. An der Westfassade befinden sich Schießluken und ein spätgotisches Portal. Das Fresko an der Turmmauer von Suitbert Lobisser ist von 1926. Das Innere verfügt über Sternrippengewölbe auf Wandpfeilern (1473). Im Chor ist ein Kreuzrippengewölbe mit gekehlten Wandvorlagen.

Molzbichl

ANBETUNG
25. Februar

PATROZINIUM
Hl. Tiburtius

FILIALKIRCHEN
Baldersdorf
Hl. Maria Magdalena
Olsach
Hl. Martin

Die spätgotisch klassizistische Kirche ist in der Substanz vor- und frühromanisch und verfügt über eine romanische Apside. Urkundlich 1060-76 genannt. Die Ausgrabungen ergaben ein karolingisches Kloster (gegründet 772-788) mit einer Apsidenkirche und darin das Reliquiengrab des Diakons Nonosus in der Apsis hinter dem Altar. Die Chorschrankenanlage mit Flechtwerksteinen ist im Museum Carantana aufbewahrt. Das gotische Langhaus wurde 1801 nach einem Brand erneuert. Der mächtige Nordturm ist spätgotisch mit Spitzgiebelhelm. Im Inneren befindet sich ein klassizistisches Muldengewölbe.

Paternion

ANBETUNG
20. Februar

PATROZINIUM
Hl. Paternianus

FILIALKIRCHE
Nikelsdorf
Hl. Nikolaus

Die barocke Saalkirche wurde 1765 an der Stelle der abgetragenen gotischen Kirche erbaut und genordet. Der Chor des 14. Jahrhunderts des Vorgängerbaus dient als Seitenkapelle. Urkundlich erstmals 1296 genannt. Der vom Langhaus abgesetzte Turm ist barockisiert (im Kern älter). Die dreiteilige Süd- bzw. Hauptfassade weist Pilastergliederung in 2 Etagen auf. Das Langhaus unter Zeltdach hat Korbbogenfenster, ein elliptisch geschlossener Chor. Im Innenraum sind Platzlgewölbe über Pilastern und Gurtbögen, 2 Seitenkapellen als querschiffartige Verbreiterung. Im ehemaligen Chor ein Sternrippengewölbe.

Pusarnitz

ANBETUNG
11. Mai

PATROZINIUM
Hl. Michael

FILIALKIRCHEN
Hohenburg
Hl. Maria
Lurnfeld
Hl. Stephan

Die im Kern romanische Kirche ist eine spätgotische Anlage, die Ende des 17. Jahrhunderts barockisiert und nach Westen verlängert wurde. Urkundlich 1072 erstmals erwähnt, als Pfarre seit 1166 genannt. Um den Bau sind Teile der ehemaligen Wehrmauer erhalten. Das barockisierte Langhaus wurde Mitte des 19. Jahrhunderts renoviert. Das spätgotische Westportal ist von 1519. Der mächtige Nordturm trägt einen Zwiebelhelm. Am Chor und am südlichen Langhaus sind Strebepfeiler. Im Inneren befinden sich spätgotische Netzrippengewölbe mit Scheitelrippe, im Chor ist ein Netzrippengewölbe auf Wandvorlagen.

Rubland

PATROZINIUM
Heilige Dreifaltigkeit

KAPELLE
Wegkapelle

Die kleine spätbarocke Kirche aus der 2. Hälfte des 18. Jahrhunderts verfügt über einen Westturm mit älterem spätgotischen Mauerwerk. Dieser erhebt sich über einer kreuzgratgewölbten Vorhalle und trägt einen Spitzgiebelhelm. Urkundlich vor 1736 genannt. An den schlichten Langhausmauern und an der Apside über halbkreisförmigem Grundriss befinden sich barocke Korbbogenfenster. Das Innere überspannt eine barocke Flachdecke.

Spittal an der Drau

ANBETUNG
21. Februar

PATROZINIUM
Mariä Verkündigung

FILIALKIRCHEN
Draukirche Zum Guten Hirten
Marienkapelle Unsere Liebe Frau vor Spittal
St. Peter Edling Hl. Thomas

KAPELLEN
Friedhofskapelle
St. Anton am Fratres

Die Kirche ist eine romanische Pfeilerbasilika aus der Mitte des 13. Jahrhunderts, die Anfang des 14. Jahrhunderts erneuert und im Jahr 1584 erweitert und umgebaut wurde. Eine neugotische Gesamtrestaurierung zwischen 1860-63 und der Turmneubau von 1896 prägen das Erscheinungsbild. Der Vorgängerbau des späten 12./frühen 13. Jahrhunderts wurde beim Neubau des Ostteils 1966 von Anton Zemann gefunden. In der Westfassade des frühen 14. Jahrhunderts Hauptportal von 1584. Im Inneren befinden sich Kreuzrippengewölbe von 1307. Die Seitenschiffe wurden 1584 verbreitert und tonnengewölbt.

St. Paul ob Ferndorf

ANBETUNG
19. Februar

PATROZINIUM
Hl. Paulus

FILIALKIRCHE
Ferndorf
St. Jakob

Die kleine Kirche besteht aus einem barocken Langhaus des 18. Jahrhunderts und einem frühgotischen Chor des 14. Jahrhunderts. 1802 wurde der Bau umgestaltet. Über dem Langhaus befindet sich ein hölzerner Dachreiter. Urkundlich 1438 genannt. Das Innere überspannt eine moderne Flachdecke aus Holz. Im Polygonalchor sind Kreuzrippengewölbe und frühgotische Wand- und Gewölbemalereien.

St. Peter im Holz

ANBETUNG
21. Mai

PATROZINIUM
Hl. Petrus

FILIALKIRCHE
Maria Bichl

Die barockisierte gotische Kirche aus dem 14./15. Jahrhundert verfügt über einen gedrungenen Nordwestturm und eine ausladende Pfeilervorhalle vor dem spätgotischen Westportal. Urkundlich 1060-70 genannt. Der Saalbau wird durch Strebepfeiler gestützt. An der Westfassade befindet sich ein Christophorusfresko aus dem späten 14. Jahrhundert (ehemals am Turm). Im Inneren sind Sternrippengewölbe über Konsolen, in der Nordwand ist eine Arkadenöffnung zum barocken Seitenschiffanbau. Die Wandmalerei der Leidensgeschichte Christi stammt von 1370/80. Im Chor ist ein barockes Stichkappengewölbe.

Stockenboi

ANBETUNG
Hl. Nikolaus

PATROZINIUM
Hl. Nikolaus

KAPELLE
Tscherniheimkapelle

Die sogenannte Bichlkapelle ist eine barockisierte gotische Kirche von 1513 in Hanglage unweit des barocken Klostergebäudes mit weithin sichtbarem Westfassadentürmchen. Urkundlich 1499 genannt, von 1752 bis 80 Missionsstation der Serviten. Der aus der Achse gerückte eingezogene Chor ist von Strebepfeilern umstellt, die Langhausfassaden sind ungegliedert und verfügen über Rechteckfenster. Im Inneren befindet sich ein flaches Tonnengewölbe. Im Polygonalchor ist ein spätgotisches Netzrippengewölbe über halbrunden Wandvorlagen.

Weißenstein

ANBETUNG
19. September

PATROZINIUM
Hl. Leonhard

FILIALKIRCHE
Lansach
Hl. Gotthard

KAPELLE
Gummern
Lourdeskapelle

Die gotische Kirche besteht aus einem frühgotischen Chor des 14. Jahrhunderts, einem Saalbau aus der 2. Hälfte des 15. Jahrhunderts und romanischen Mauerresten im mächtigen Turm. Urkundlich 1149 genannt. Am Gesamtbau befinden sich Strebepfeiler und Maßwerkfenster. Das Westportal ist spitzbogig mit Tympanon. Außen am Chor sind Wandgemälde aus der 2. Hälfte des 14. Jahrhunderts. Im Langhaus ist die seltene Darstellung der 10 Gebote von 1542 (Dekalog). Im Inneren befinden sich Netzrippengewölbe auf Wandpfeilern und Wappenschlusssteine, im Chor sind Kreuzrippengewölbe auf Kopfkonsolen.

DEKANAT | DEKANIJA

Tainach · Tinje

Grafenstein • Gurnitz • Mieger | Medgorje • Ottmanach • Poggersdorf • Radsberg | Radiše • Rottenstein | Podgrad • St. Filippen bei Reinegg • St. Michael über Pischeldorf • St. Peter bei Grafenstein • St. Thomas am Zeiselberg • Tainach | Tinje • Timenitz

Grafenstein

ANBETUNG
29. Juni

PATROZINIUM
Hl. Stephanus

FILIALKIRCHE
Saager
Hl. Anna

Die barockisierte im Kern romanische Chorturmkirche verfügt über einen gotischen Polygonalchor und barocke Kapellenanbauten und liegt östlich des Schlosses. Urkundlich 1184 genannt. Weihe eines Vorgängerbaus 1116. Der massige Ostturm ist im Kern romanisch und trägt einen barocken Zwiebelhelm. Im Westen ist eine Vorhalle vor dem gotischen Spitzbogenportal vorgebaut. Im Inneren befinden sich Tonnengewölbe mit Stichkappen und übergreifende Rokoko- Stuckdekoration von 1756. In den Gewölbefeldern im Langhaus und im Chors sind barocke Deckenmalereien.

Gurnitz

ANBETUNG
28. November

PATROZINIUM
Hl. Martin von Tours

KAPELLE
Friedhofskapelle
Hl. Kreuz

Die barocke Kirche mit der ehemaligen Propstei wurde 1773 erbaut und liegt auf einem steilen Sattnitzplateau. Sie verfügt über Teile eines gotischen Vorgängerbaus in den Mauern und bildet mit dem ehemaligen Propsteigebäude im Osten eine Einheit. Ältestes Martin-Patrozinium Kärntens. Urkundlich vor 1240 ein Kollegiatskapitel nach Augustinerregel eingerichtet. Der weithin sichtbare Turm ist im Untergeschoss gotisch, besitzt barocke Eckquader und einen Zwiebelhelm. Im Inneren ergeben Langhaus und Chor eine Einheit und bestehen aus einem Tonnengewölbe mit Gurtbögen und einem Platzlgewölbe im Chor.

Mieger | Medgorje

ANBETUNG | VEDNO ČEŠČENJE
17. Jänner | januar

PATROZINIUM | PATROCINIJ
Hl. Bartholomäus | sv. Jernej

Die spätgotische Kirche des 16. Jahrhunderts wird vom Friedhof umgeben. Urkundlich 1359 genannt. Der hohe Westturm wurde nach 2 Bränden 1864 und 1880 mit einem oktogonalen Spitzgiebelhelm ausgestattet. Barockes Christophorusfresko am Turm. Am gotischen Langhaus befindet sich im Süden eine Wandmalerei von 1575. Der Chor wird von Strebepfeilern umstellt. Bei der Restaurierung von 1947 wurden die gotischen Details wiederhergestellt. Im Inneren befinden sich spätgotische Sternrippengewölbe auf Diensten im Langhaus und Chor. Im Friedhof ein manieristisches Kruzifix des 17. Jahrhunderts.

Poznogotsko cerkev iz 16. stoletja obdaja pokopališče. V listini omenjena l. 1359. Visoki zahodni stolp so po dveh požarih l. 1864 in 1880 opremili z osmerokotnim koničastočelnim šlemom. Na stolpu vidimo baročno Krištofovo fresko. V gotski vzdolžni ladji najdemo na južni strani stensko poslikavo iz l. 1575. Kor obdajajo oporniki. Med obnovitvenimi deli l. 1947 so obnovili gotske detajle. V vzdolžni ladji in koru najdemo poznogotske zvezdastorebraste oboke na služnikih.

Ottmanach

ANBETUNG
11. Juni

PATROZINIUM
Hl. Margaretha

FILIALKIRCHE
Magdalensberg
Hll. Helena und Maria Magdalena

Die spätgotische Anlage geht auf eine romanische Chorturmkirche zurück und wird von einer Mauer mit barockem Friedhofsportal umgeben. Urkundlich 1134 erbaut und geweiht. Der im Kern mittelalterliche Südturm wurde im 1. Drittel des 17. Jahrhunderts erneuert. Seitenschiffartige Anbauten aus der Barockzeit erweitern das spätgotische Langhaus. Romanische Baudetails sind vorhanden. Der Polygonalchor stammt aus der Spätgotik. Im Inneren befinden sich Sternrippengewölbe auf Pfeilern und Rundbogenarkaden zu den barocken Seitenteilen mit Platzlgewölben. Zwischen Chor und Turm ein Beinhaus.

Poggersdorf

ANBETUNG
20. August

PATROZINIUM
Hl. Jakobus der Ältere

FILIALKIRCHEN
Wutschein
Hl. Andreas
Dolina
Maria Heimsuchung
Leibsdorf
Hl. Martin

Die spätgotische Chorturmkirche ist im Kern aus dem 12./13. Jahrhundert und wurde barockisiert. Die Anlage ist von einer Mauer umgeben. Urkundlich 1616 genannt, zur Pfarre 1778 erhoben. Der Chorturm wurde 1550 erbaut und hat einen Pyramidenhelm. Westlich vor dem Langhaus ist eine Vorhalle mit Diamantquaderdekor aus dem frühen 17. Jahrhundert vorgestellt. Die Fenster am Langhaus barock erweitert. An der Südfassade ein Christophorusfresko 1536. Im Inneren befindet sich ein barockes Tonnengewölbe mit Stichkappen über Wandpfeilern, im Chorquadrat ein gotisches Rautensterngewölbe.

Radsberg | Radiše

ANBETUNG | VEDNO ČEŠČENJE
17. September | september

PATROZINIUM | PATROCINIJ
Hl. Lambert | sv. Lambert

Die Kirche ist ein einheitlich spätgotischer Bau vom Beginn des 16. Jahrhunderts und wird von einem gotischen Rundkarner und einem Friedhof umgeben. Urkundlich 1216 als Kapitelpfarre von Maria Saal genannt. Der weithin sichtbare mächtige Westturm wurde 1557 erbaut. Erneuerung des Helms nach einem Brand 1955. Im Inneren befindet sich ein spätgotisches Parallelrippengengewölbe, im Chor eine Stichkappentonne.

Cerkev je enotna poznogotska zgradba iz začetka 16. stoletja, obdaja ga pokopališče z okroglo kostnico. V listini omenjena l. 1216 kot kapiteljska farna cerkev Gospe Svete. Daleč vidni mogočni zahodni stolp je bil zgrajen l. 1557. Šlem je bil obnovljen po požaru l. 1955. V notranjosti najdemo poznogotski vzporedni rebrasti obok, na koru banjasti obok s sosvodnicami.

Rottenstein | Podgrad

ANBETUNG | VEDNO ČEŠČENJE
13. Dezember | december

PATROZINIUM | PATROCINIJ
Hl. Magdalena | sv. Magdalena

Die gotische Kirche des 14. Jahrhunderts liegt vor einer steilen Felswand der Sattnitz, ist im Kern romanisch und besitzt einen mächtigen im Barock erhöhten (1689) Westturm. Urkundlich 1359 genannt. Der gotische Chor ist leicht aus der Achse gerückt und ist von Strebepfeilern umstellt. Im Langhaus und Chor befinden sich Rautensterngewölbe mit Wappenschlusssteinen und Malereien vom Ende des 14. Jahrhunderts.

Gotska cerkev iz 14. stoletja stoji pred skalno steno Gur, v jedru je romanska in ima mogočen zahodni stolp, zvišan v baroku (1689). V listini omenjena l. 1359. Gotski kor je rahlo pomaknjen iz osi in obdan od opornikov. V vzdolžni ladji in koru najdemo romboidne zvezdaste oboke z grbovnimi sklepniki in slikarijami iz konca 14. stoletja.

St. Filippen bei Reinegg

ANBETUNG
24. Oktober

PATROZINIUM
Hll. Philippus und Jakobus

FILIALKIRCHEN
Christofsberg
Hl. Christophorus
Eppersdorf
Hll. Peter und Paul

KAPELLE
Am Christofberg

Die spätgotische Kirche wurde 1862 historistisch maßgeblich umgestaltet und der Westturm errichtet. Urkundlich zwischen 1096 und 1105 genannt, Weihe im Jahr 1528. Das Langhaus ist von Strebepfeilern umstellt und verfügt über Rundbogenfenster. Unter dem Chor befindet sich ein Beinhaus. Der Turm hat eine neoromanische Fassadengliederung mit Ecklisenen und Friesen und ein mächtiges oktogonales Glockengeschoss. Im Inneren überspannen Kreuzgratgewölbe den Raum, im Chor ist ein dekoratives Schlinggewölbe mit angeputzen Graten vom Beginn des 16. Jahrhunderts.

St. Michael über Pischeldorf

ANBETUNG
14. November

PATROZINIUM
Hl. Michael

FILIALKIRCHE
Linsenberg
Hl. Ägidius

Die spätgotische Anlage liegt erhöht und wird von einem romanischen Rundkarner und einer Mauer umgeben. Der mächtige Nordturm mit Spitzhelm ist weithin sichtbar und dominiert das äußere Erscheinungsbild. Der eingezogene Chor ist mit dem Langhaus gleich hoch und von Strebepfeilern umstellt. Der Chor und die Langhaussüdseite besitzen Maßwerkfenster. Fragment eines Christophorusfresko des 16. Jahrhunderts. Die Vorhalle im Westen stammt aus der 1. Hälfte des 17. Jahrhunderts. Im Inneren befindet sich ein spätgotisches Rippengewölbe mit Schlusssteinen, im Chor ein Kreuzrippengewölbe.

St. Peter bei Grafenstein

PATROZINIUM
Hll. Petrus und Paulus

FILIALKIRCHE
Thon
Hl. Oswald

Die gotische Kirche von Mitte des 15. Jahrhunderts mit hohem Westturm wird von einer Mauer umgeben, in der die westlich vorgebaute barocke Vorhalle integriert ist. Urkundlich 1138 und 1269 genannt, als Pfarre seit 1853. Das Langhaus und der 3seitige Chor sind von Strebepfeilern umstellt, die Fenster sind barockisiert. Spätgotisches Christophorusfresko an der südlichen Mauer des Turmes. Im Inneren befinden sich Rautensternrippengewölbe, im Chor Netzrippen auf Konsolen. Fresken im Chor um die Mitte des 15. Jahrhunderts mit Szenen aus der Vita Petri und Christi (Stadtansicht von Wien).

St. Thomas am Zeiselberg

ANBETUNG
22. November

PATROZINIUM
Hl. Thomas

FILIALKIRCHEN
St. Lorenzen bei Sillebrücke
St. Margarethen - Hörtendorf

Die spätgotische Kirche mit massigem Nordturm und Spitzhelm liegt von einem Friedhof umgeben auf einer Hangstufe. Urkundlich 1306 erwähnt, als Pfarre seit 1776 genannt. Langhaus und Chor sind von Strebepfeilern umgeben. Hohe Giebelfront im Westen mit einem profilierten Schulterbogenportal, im Tympanon ein spätgotisches Fresko. Zahlreiche Römersteine sind als Spolien in den Langhausmauern vermauert. Im Inneren befinden sich Stichkappentonnen mit gratigen Rautensterngewölben und ornamentierten Schlusssteinen aus der Mitte des 16. Jahrhunderts.

Tainach | Tinje

ANBETUNG | VEDNO ČEŠČENJE
7. Jänner | januar, 14. Feber | februar

PATROZINIUM | PATROCINIJ
Mariä Himmelfahrt | Marijino vnebovzetje

FILIALKIRCHEN | PODRUŽNIČNI CERKVI
Eiersdorf | Virna vas Hl. Ruprecht | sv. Rupert
Wabelsdorf | Vabnja vas Hl. Georg | sv. Jurij

KAPELLEN | KAPELI
Friedhofskapelle | pokopališka kapela
Kapelle im Bildungshaus Sodalitas | kapela v Domu Sodalitete

Die barockisierte Kirche des 15. Jahrhunderts ist Teil einer Anlage, bestehend aus dem barocken Propsteihof und einer spätgotischen Wehrmauer mit Rundturm und 2 weiteren eingebauten Türmen. Urkundlich 1135 erwähnt. Nach Brand 1660 barockisiert. Zwischen 1756-80 durch Matthias Laiß und Valentin Seebauer umgebaut. 1853 neugotischer Turmaufsatz und Westfassade. Im Inneren sind Tonnengewölbe mit Stichkappen.

Barokizirana cerkev iz 15. stoletja je del kompleksa, sestavljenega iz baročnega proštijskega dvorišča in poznogotskega taborskega obzidja z okroglim stolpom in dvema nadaljnjima vzidanima stolpoma. V listini omenjena l. 1335. Po požaru l. 1660 barokizirana. V letih 1756-80 sta jo prezidala Matthias Laiß in Valentin Seebauer. Novogotski stolpni nastavek in zahodno pročelje sta iz l. 1853. Znotraj so banjasti oboki s sosvodnicami.

Timenitz

ANBETUNG
1. November

PATROZINIUM
Hl. Georg

FILIALKIRCHE
Freudenberg
Hl. Martin

Die schlichte spätgotische Kirche in Hanglage wird von einer Mauer umgeben und erfuhr im 19. Jahrhundert bauliche Veränderungen. Urkundlich 1217 erwähnt. Der Südturm mit Spitzhelm und der eingezogene Chor mit Maßwerkfenstern stammen aus dem 15. Jahrhundert. Ein Christophorusfresko am Turm entstand um 1480. Die Rechteckfenster mit Putzrahmen am Langhaus sind aus der 1. Hälfte des 19. Jahrhunderts, ebenso die Vorhalle. Im Inneren befindet sich ein Tonnengewölbe mit Stichkappen mit Stuckleisten und Vierpassfeldern. Der Chor hat ein Kreuzrippengewölbe auf Konsolen.

DEKANAT | DEKANIJA

Villach-Land · Beljak-dežela

Afritz • Arnoldstein • Arriach • Bad Bleiberg • Fürnitz | Brnca • Heiligengeist bei Villach • Innerteuchen • Kreuth bei Bad Bleiberg • Latschach | Loče • Maria Gail • Sattendorf • St. Leonhhard bei Siebenbrünn | Št. Lenart pri Sedmih studencih • St. Stefan-Finkenstein | Šteben-Bekštanj • Thörl-Maglern • Treffen

Afritz

ANBETUNG
11. September

PATROZINIUM
Hl. Nikolaus

FILIALKIRCHEN
Buchholz Hl. Lambert
Wöllan Hll. Peter und Paul

KAPELLE
Kalvarienbergkapelle

Die barockisierte spätgotische Kirche verfügt über einen mächtigen Westturm mit barockem Glockengeschoss und Zwiebelhelm von 1716 und wird von einer Mauer umgeben. Urkundlich 1516 erstmals erwähnt. Langhaus und Polygonalchor sind von Strebepfeilern umstellt. An der Südwand Rest eines Christophorusfreskos Ende 15. Jahrhundert. Das Turmerdgeschoss dient als Vorhalle. Das Westportal ist ein gotisches Spitzbogenportal. Im Inneren befindet sich eine barocke Felderdecke aus Holz auf gotischen Wandpfeilern, im Chor barockes Stichkappentonnengewölbe. Wandmalerei (Passion) im Chor von 1500.

Arnoldstein

ANBETUNG
2. April

PATROZINIUM
Hl. Lambert

FILIALKIRCHEN
Lind Hl. Stefan **Seltschach** Hl. Servatius
Pöckau Hl. Rupert **Gailitz** Hl. Maria

KAPELLEN
Kapelle bei der Kreuzkapelle
Obere Kreuzkapelle
Untere Kreuzkapelle

Die ehemalige spätgotische Kirche wurde 1959 maßgeblich zu einer modernen Saalkirche umgebaut und in Nord-Südrichtung umorientiert. Urkundlich 1316 genannt. Vom Vorgängerbau ist der Chor als Ostkapelle integriert und der Westturm steht seitlich eingezogen. Die Hauptfassade im Süden ist durch Rundbogenfenster gegliedert. Eine niedrige Vorhalle mit Glasfenstern ist vorgestellt. Im Inneren ist der Saalraum flach gedeckt und hat einen eingezogenen rechteckigen Altarraum nach Norden. Im ehemaligen Chor befindet sich ein spätgotisches Rautensternrippengewölbe mit Wandpfeilern.

Arriach

ANBETUNG
28. März

PATROZINIUM
Hll. Philipp und Jakobus

Die barockisierte ehemalige gotische Wehrkirche mit wuchtigem Westturm und flacher Laternenhaube wird von einer Mauer umgeben. Sie wurde an Stelle eines romanischen Vorgängerbaus Anfang des 15. Jahrhunderts errichtet. Urkundlich 1207 genannt. Laut Inschrift wurden Kirche und Turm bei einem Erdbeben 1690 zerstört und 1694 wiederhergestellt. Die Fenster des Langhauses sind barocke Rechteckfenster, die Portale im Süden und Westen stammen aus spätgotischer Zeit. Im Inneren befinden sich barocke Kreuzgratgewölbe auf Wandpfeilern, im Polygonalchor ist ein Tonnengewölbe mit Stichkappen.

Bad Bleiberg

ANBETUNG
17. August

PATROZINIUM
Hl. Florian

KAPELLE
Dobratsch
Hl. Maria am Heiligen Stein

Die barocke Kirche wurde vermutlich 1663 erbaut, in den Jahren 1858/59 renoviert und liegt parallel zum Straßenverlauf. Das Langhaus unter hohem Satteldach verfügt über eine breite schlichte Giebelfassade im Westen und eine niedrige offene Vorhalle. Der hohe Südturm trägt einen geschweiften Helm mit Spitzgiebeln. Im Inneren befinden sich schlichte Kreuzgratgewölbe, im Chor ist ein Tonnengewölbe mit Stichkappen.

Fürnitz | Brnca

ANBETUNG | VEDNO ČEŠČENJE
22. April | april

PATROZINIUM | PATROCINIJ
Hl. Michael | sv. Mihael

FILIALKIRCHEN | PODRUŽNIČNI CERKVI
Federaun | Podvetrov
Hl. Matthäus | sv. Matej
St. Job | Št. Job
Hl. Hiob | sv. Job

Die barockisierte im Kern romanische Chorturmkirche geht auf die 1. Hälfte des 13. Jahrhunderts zurück und besitzt einen Chor aus dem 14. Jahrhundert. Urkundlich 1296 als Pfarre genannt. Der mächtige Chorturm wurde im Barock erhöht und trägt einen Spitzgiebelhelm. Die Langhauswände sind ungegliedert. Im Inneren befindet sich eine flache Holzdecke, im aus der Achse gerückten Chor ist ein Kreuzgratgewölbe.

Barokizirana in v jedru romanska cerkev s korskim stolpom izvira iz 1. polovice 13. stoletja, njen kor je iz 14. stoletja. V listini omenjena l. 1296 kot farna cerkev. Mogočen korni stolp je bil v baroku zvišan in ima koničastočelni šlem. Stene vzdolžne ladje niso razčlenjene. V notranjosti je raven lesen stolp in v koru, pomaknjenem iz osi, je grebenasto križni obok.

Heiligengeist bei Villach

ANBETUNG
11. Jänner

PATROZINIUM
Heiliger Geist

Die kleine gotische Kirche steht direkt an der Straße und wird von einem hölzernen Dachreiter bekrönt. Urkundlich 1449 genannt. Im Westen ist dem Bau eine holzverschalte Pfeilervorhalle von 1830/40 vorgestellt, darinnen ist ein einfaches spätgotisches Spitzbogenportal. Das Langhaus am Übergang zum Chor stützt je ein Strebepfeiler. Im Inneren befindet sich eine flache Holzdecke, im Chor ein ehemaliges verändertes Netzgratgewölbe. Reste von Wandmalereien aus dem 2. Viertel des 15. Jahrhunderts erhalten.

Innerteuchen

ANBETUNG
18. Februar

PATROZINIUM
Heiliges Kreuz

Der kleine barocke Bau von 1754-1768 ist die ehemalige Klosterkirche des 1786 aufgehobenen Hospizes und Missionsstation der Hieronymiten (Augustinerorden) zur Bekämpfung des Geheimprotestantismus und bildet den Ostflügel der ehemaligen Anlage. Im Auftrag von Kaiserin Maria Theresia 1754 gegründet, 1768 geweiht und 1792 zur Pfarrkirche erhoben. Die schlichten Außenmauern werden durch Rundbogenfenster gegliedert. Der hölzerne Dachreiter wurde erst 1794 errichtet. Im Inneren befinden sich barocke Kreuzgratgewölbe mit Gurten über Pilastern. Im quadratischen Chor ist ein Kreuzgratgewölbe.

Kreuth bei Bad Bleiberg

ANBETUNG
7. September

PATROZINIUM
Hl. Heinrich

Die erhöht gelegene gotische Kirche geht auf das 14./15. Jahrhundert zurück und wurde neugotisch im 19. Jahrhundert und 1930 renoviert. Sie wird vom Friedhof umgeben. Urkundlich 1267 und 1498 genannt. Der Nordturm trägt einen Spitzhelm. Das Langhaus wurde 1930 um ein breites Emporenjoch nach Westen verlängert (J. Campidell und J. Bayer). An der Westfassade ein gotisierendes Spitzbogenportal und 3 große Fensteröffnungen. Im Inneren befinden sich reiche spätgotische Netzrippengewölbe um 1500, im Emporenjoch ist eine Tonne mit einem Gurtbogen, im Chor Netzrippengewölbe.

Latschach | Loče

ANBETUNG | VEDNO ČEŠČENJE
30. April | april

PATROZINIUM | PATROCINIJ
Hl. Ulrich | sv. Urh

FILIALKIRCHEN | PODRUŽNIČNE CERKVE
Faak | Bače
Hl. Georg | sv. Jurij

Pogöriach | Pogorje
Heiligste Dreifaltigkeit | Sveta Trojica

Untergreuth | Spodnje Rute
Hll. Drei Könige | Sv. trije kralji

Die einheitlich barocke Kirche wurde 1752-62 erbaut. Ein Vorgängerbau war bis 1752 Filialkirche von Maria Gail. Die Westfassade verfügt über einen geschwungenen Giebel, Lisenengliederung und einen Fassadenturm mit Zwiebelhelm. Im Inneren befindet sich ein Tonnengewölbe mit Gurtbögen über Pilastern und Arkadenbögen, die Seitenschiffe verfügen über je 3 Kapellen. Im halbrunden Chor ist ein Kreuzgratgewölbe.

Enotno zgrajena baročna cerkve je bila postavljena v letih 1752-62. Predhodna zgradba je bila do l. 1752 podružnična cerkev Marije na Zilji. Zahodno pročelje, razčlenjeno z lizenami, ima izbočeno čelo in fasadni stolp s čebulastim šlemom. Znotraj so banjasti oboki z oprožnimi loki nad pilastri in arkadnimi loki, stranski ladji imata po tri kapele. V polkrožnem koru je grebenasto križni obok.

Maria Gail

ANBETUNG
20. November

PATROZINIUM
Zu Unserer Lieben Frau

FILIALKIRCHE
Drobollach

Die Wallfahrtskirche an der Gail ist eine ehemalige Chorturmkirche vom Ende des 12./Anfang des 13. Jahrhunderts, die 1450 zur gotischen Wehrkirche ausgebaut wurde. Sie wird von einer ehemaligen Wehrmauer umgeben. Vermutlich aquileische Urpfarre, 1090 urkundlich als Pfarre genannt. 1473/78 durch die Türken beschädigt. Durch ein Erdbeben 1580 beschädigt (Turm und Gewölbeteile), 1606 Wiederaufbau. Der Chorturm besitzt gotische Obergeschosse und einen Spitzgiebelhelm. Der Chor wurde 1415 erbaut. Im Inneren befinden sich Netzrippengewölbe um 1480, Wandmalereien vom Ende des 13. Jahrhunderts.

Sattendorf

ANBETUNG
24. April

PATROZINIUM
Hl. Bartholomäus

Der kleine spätbarocke Bau in Hanglage entstand 1784 vermutlich an der Stelle eines Vorgängerbaus. Im 18. Jahrhundert versahen die Mönche des Stiftes Ossiach in Sattendorf den Gottesdienst. Erst im 20. Jahrhundert Erhebung zur Pfarre. Die Kirche verfügt über einen Westturm mit Erdgeschosshalle und einem kleinen Pyramidenhelm. Der Polygonalchor bildet mit dem Langhaus eine Einheit. Im Inneren befindet sich eine Flachdecke, im Chor ist ein Kreuzgratgewölbe. Die beachtliche Schablonenmalerei von 1784 wurde freigelegt und teilweise rekonstruiert.

St. Leonhard ob Siebenbrünn | Št. Lenart pri Sedmih studencih

ANBETUNG | VEDNO ČEŠČENJE
31. August | avgust

PATROZINIUM | PATROCINIJ
Hl. Leonhard | sv. Lenart

FILIALKIRCHEN | PODRUŽNIČNE CERKVE
Korpitsch | Grpiče Hl. Agnes | sv. Neža **Oberschütt | Rogaje** Hl. Maria Magdalena | sv. Marija Magdalena
Neuhaus | Poturje Hl. Nikolaus | sv. Nikolaj **Erlendorf** Hl. Antonius von Padua **Hart | Ločilo** Hl. Anna | sv. Ana
Tschau | Čava Hl. Oswald | sv. Ožbalt **St. Maria zu Siebenbrünn | Pri naši Gospe**

KAPELLE | KAPELA
Maria Hilf - Krainberg

Die überwiegend barockisierte Saalkirche ist im Kern gotisch, geht auf einen Vorgängerbau zurück. Urkundlich 1463 genannt. Im Westen ein leicht eingestellter Turm mit Erdgeschosshalle und geschweiftem Helm. Zwischen dem Langhaus und dem Chor befinden sich querhausartige Anbauten in gleicher Traufhöhe. Am Gesamtbau sind hohe barocke Rundbogenfenster. Im Inneren befindet sich eine Flachdecke über Wandpfeilern, im Chor eine Tonne mit Stichkappen.

Pretežno barokizirana dvoranska cerkev je v jedru gotska in izvira od neke predhodne zgradbe. V listini omenjena l. 1463. Na zahodni strani vidimo nekoliko vzidan stolp s pritlično dvorano in usločenim šlemom. Med vzdolžno ladjo in korom so – na isti višini kapi – prizidki v obliki prečne ladje. V celotni stavbi so visoka baročna okna s polkrožnimi loki. V notranjosti vidimo ploski strop nad pilastri in v koru banjasti obok s sosvodnicami.

St. Stefan-Finkenstein | Šteben-Bekštanj

ANBETUNG | VEDNO ČEŠČENJE
27. Jänner | januar

PATROZINIUM | PATROCINIJ
Hl. Stephanus | sv. Štefan

FILIALKIRCHEN | PODRUŽNIČNE CERKVE
Gödersdorf | Diča vas
Goritschach | Zagoriče
Kanzianiberg | Škocijan
Mallestig | Malošče
Techanting | Teharče

Die barockisierte spätgotische Kirche wurde 1472 von Jörg von Klagenfurt errichtet. Urkundlich 1340 genannt. Der Bau wird von seinem massigen Westturm mit hohem Zwiebelhelm dominiert. Vorhalle mit zwei seltenen Sandsteinreliefs vom Ende des 14. Jahrhunderts mit Szenen Verkündigung, Hl. Michael mit der Seelenwaage und Marter des Hl. Stephanus. Im Inneren sind Kreuzgratgewölbe und Rundbögen zu den Seitenschiffen.

Barokizirano poznogotsko cerkev je dal zgraditi l. 1472 Jörg von Klagenfurt. V listini je predhodna cerkev omenjena l. 1340. Zgradbo dominira masivni zahodni stolp z visokim čebulastim šlemom. V lopi najdemo dva redka reliefa iz peščenjaka iz konca 14. stoletja s prizori oznanjenja, sv. Mihaela s tehtnico za duše in mučenja sv. Štefana. Znotraj so grebenasto križni oboki in polkrožni loki v obe stranski ladji.

Thörl-Maglern

ANBETUNG
18. Dezember

PATROZINIUM
Hl. Andreas

Die spätgotische Kirche wurde an Stelle eines romanischen Vorgängerbaus von Christian von Malborghet 1503-1520 errichtet. Urkundlich 1169 erwähnt, als Pfarre seit 1786/87 verzeichnet. Der mächtige weithin sichtbare Turm mit Spitzgiebelhelm wurde über dem westlichen Doppeljoch aufgebaut. Davor eine erneuerte Vorhalle in Langhausbreite unter Satteldach. Im Inneren befinden sich 2 Doppeljoche mit Netzrippengewölbe über Wandpfeilern. Im Chor ist ein Kreuzrippengewölbe und bedeutende Wandmalereien, Hauptwerk des Thomas von Villach 1470-75 mit der Darstellung des „Lebenden Kreuzes".

Treffen

ANBETUNG
3. Juli

PATROZINIUM
Hl. Maximilian

KAPELLE
Kapelle im Kinderheim St. Antonius

Die ehemalige Chorturmkirche geht in den Fundamenten auf Ende des 12. Jahrhunderts zurück. Urkundlich zwischen 878 und 906 erwähnt. Nach einem Erdbeben von 1690 Neueinwölbung 1696. Der mächtige Chorturm trägt einen gotischen Spitzgiebelhelm und beherrscht das Äußere. Der Polygonalchor stammt vom Beginn des 15. Jahrhunderts. Die spätgotische Südkapelle verfügt über eine Unterkapelle und über ein Ölbergfresko von 1497. Zahlreiche Römersteine als Spolien vermauert und ein Kassettendeckenbruchstück. Im Inneren ist eine barocke Flachdecke mit Laubwerk, Rankenstukkaturen und Deckengemälde.

DEKANAT

Villach-Stadt

Maria Landskron • Villach-Heiligenkreuz • Villach-Hl. Dreifaltigkeit • Villach-St. Jakob • Villach-St. Josef • Villach-St. Leonhard • Villach-St. Martin • Villach-St. Nikolai

Maria Landskron

ANBETUNG
27. März

PATROZINIUM
Herz Mariens

FILIALKIRCHEN
St. Ulrich
St. Ruprecht
Gratschach
Hll. Philipp und Jakob
St. Michael
St. Andrä

Der moderne Kirchenbau wurde im Jahr 1967 von den Baumeistern Klinger und Herzung errichtet. Seit 1956 Pfarre. 1967 Weihe der Kirche. Sie ist die einzige Herz-Mariens-Kirche in Kärnten. Der breitgelagerte, hoch dimensionierte Saalraum ist eine Betonrahmenkonstruktion mit optisch betonter vertikaler Fassadengliederung. Hochrechteckige Fensterschlitze rhythmisieren die Hauptfront. Der Bau ist nach Norden ausgerichtet. Der mächtige Südwestturm prägt das Äußere mit einem schmalen seitlichen Fensterband. Den Altarraum gestaltete Alfons Nessmann, die Glasfenster stammen von Daniel Moser 1998.

Villach-Heiligenkreuz

ANBETUNG
29. März

PATROZINIUM
Hl. Petrus

Der beeindruckende spätbarocke Bau in Perau wird durch die geschwungene Doppelturmfassade und die Zentralkuppel geprägt. 1726-1744 wurde die Kirche nach Plänen von Hans Eder unter der Leitung von Andreas Sigl erbaut. Urkundlich Vorgängerbau 1203 genannt. Weihe 1751, 1783 zur Pfarre erhoben. Die über kreuzförmigem Grundriss erbaute Kirche hat als zentrales Element die oktogonale Kuppel mit Klostergewölbe. Die eingeschwungene Westfront ist durch Kolossalpilaster gegliedert. Die dreigeschossigen Türme tragen Zwiebelhelme. Eine Ecce-Homo-Skulpturengruppe befindet sich über dem Portalvorbau.

Villach-Hl. Dreifaltigkeit

ANBETUNG
25. Oktober

PATROZINIUM
Hlst. Dreifaltigkeit

FILIALKIRCHE
St. Johann

KAPELLEN
Werthenau Schlosskapelle
Unbefleckte Empfängnis

Warmbad

Die moderne Kirche wurde 1967 nach Plänen des Architekten Walter Pinzer in Völkendorf errichtet. 1973 zur Pfarre erhoben. Der Bau über trapezförmigem Grundriss verfügt über ein weit herabgezogenes vorgezogenes Satteldach. Die Mauern sind aus verschiedenen Materialien wie Naturstein, Sichtbeton und Holz gegliedert und strukturiert. Die Fensterbahnen sind mit Betongittern verstrebt. Im Westen steht ein zum Teil über Traversenträgern offener Turm zur Belichtung des Altarbereichs. Im Inneren befindet sich ein kuppelartiges Gewölbe, über das wie ein Netz Holzleimbinder gelegt sind.

Villach-St. Jakob

ANBETUNG
25. Juli

PATROZINIUM
Hl. Jakobus der Ältere

Die spätgotische Hallenkirche in dominanter Lage verfügt über einen ursprünglich freistehenden Westturm. Urkundlich 1136 erwähnt, Hauptstadtpfarrkirche seit 1908. Vorgängerbau wurde bei Erdbeben 1348 bis auf Turm zerstört. Um 1360/70 Neubau des Chores, 1450/60 Errichtung des Langhauses. Der Turm durch Ecklisenen gegliedert, das Obergeschoss 1690 zerstört und 1759 erneuert, der Spitzhelm stammt von 1845/47. Im Inneren überspannen Netzrippengewölbe auf 10 Pfeilern die Halle. Erneuerung 1524 mit Schling- und Netzrippen. Im Chor barock umgestaltetes Kreuzrippengewölbe mit Stuckornamenten.

Villach-St. Josef

ANBETUNG
4. Februar

PATROZINIUM
Hl. Josef

Die moderne Kirche im Stadtteil Auen wurde nach Plänen des Architekten Max Wochinz in den Jahren 1948-1951 neu errichtet. Weihe und Pfarrerhebung fanden im Jahr 1952 statt. Die Kirche ist ein schlichter Saalbau unter Satteldach mit Dachreiter und Zwiebelhelm. Im Westen traditionelle Giebelfront mit Rundfenster und einer dreiachsigen Vorhalle mit Rundbogenportalen. Im Inneren befinden sich eine Flachdecke über Betonträgern und eine halbrunde Apside. Die Ausstattung stammt aus dem 18. Jahrhundert.

Villach-St. Leonhard

ANBETUNG
23. Juli

PATROZINIUM
Hl. Leonhard

FILIALKIRCHEN
Vassach
Hl. Margareta
Oswaldiberg
Hl. Oswald

Der ehemalige gotische Bau wurde bei einem Bombenangriff 1945 bis auf den Chor zerstört. Nach Plänen von Walter Mayr wurde 1947 die heutige Kirche erbaut und der Chor des 14. Jahrhunderts integriert. Urkundlich 1399 genannt, 1954 zur Pfarre erhoben. Die barockisierende geschweifte Giebelfassade mit einem zentralen Rundfenster wird von einem flachen Glockenturmaufsatz überhöht. An den schlichten Langhauswänden befinden sich Rundbogenfenster, an dem nach Süden verrückten Chor sind Strebepfeiler. Das Innere besteht aus einem saalartigen Langhaus mit Holzdecke und einem breiten Altarraum.

Villach-St. Martin

ANBETUNG
11. November

PATROZINIUM
Hl. Martin

FILIALKIRCHEN
St. Georgen
Obere Fellach
Hl. Thomas

KAPELLEN
Hl. Michael
Kalvarienbergkapelle

Die ehemalige barockisierte spätgotische Kirche, deren Langhausmauern auf die Romanik zurückgingen, wurde durch den Einsturz des Turmes im Jahr 1962 stark beschädigt. Der Wiederaufbau erfolgte durch Architekten Ernst Ranner, der dem Vorgängerbau der Form her folgt. Das Langhaus wurde verbreitert, der Turm neu errichtet. Die im Bauschutt aufgefundenen römischen Spolien sind heute im Stadtmuseum Villach. Urkundlich 1197 erwähnt, als Pfarre 1244 genannt, 1908 Erhebung zur Stadtpfarre. Im Chor und den beiden querschiffartigen Kapellen befinden sich Tonnen- bzw. Kreuzgratgewölbe des Altbaus.

Villach-St. Nikolai

ANBETUNG
4. Oktober, 17. Mai

PATROZINIUM
Hl. Nikolaus

FILIALKIRCHEN
St. Magdalena
Wollanig
Hl. Laurentius

KAPELLE
Kapelle im LKH

Die Kirche ist eine einheitlich neugotische Pfeilerbasilika mit Querschiff in der Nähe der Stadtbrücke. 1886 wurde der Vorgängerbau (Kapuzinerkirche und Kloster, 1629-1633) an die Franziskaner übergeben. 1888 ersetzte man das Kloster durch einen Neubau und trug 1892 auch die Kapuzinerkirche ab. Der Neubau wurde 1892/93 in neugotischem Stil nach den Plänen von Peter Hüter und Pater Johann Maria Reiter erbaut. Weihe 1896, seit 1906 Pfarre. Die durchgehende Putzquaderung an Streben und Kanten prägt das Äußere. Im Inneren sind Kreuzrippengewölbe, der erhöhte Chor liegt über einer Krypta.

DEKANAT | DEKANIJA

Völkermarkt • Velikovec

Diex | Djekše • Gorentschach | Gorenče • Grafenbach | Kneža • Greutschach | Krčanje • Haimburg • Markt Griffen • Ruden | Ruda • St. Georgen am Weinberg • St. Margarethen ob Töllerberg | Šmarjeta • St. Peter am Wallersberg | Št. Peter na Vašinjah • St. Ruprecht bei Völkermarkt | Št. Rupert pri Velikovcu • St. Stefan bei Niedertrixen • Stift Griffen | Grebinjski kloster • Völkermarkt

Diex | Djekše

ANBETUNG | VEDNO ČEŠČENJE
12. Mai | maj

PATROZINIUM | PATROCINIJ
Hl. Martin von Tours | sv. Martin Tourski

FILIALKIRCHE | PODRUŽNIČNA CERKEV
St. Michael im Graben | Šmihel
Hl. Michael | sv. Mihael

Die barocke Doppelturmkirche ist eine ehemalige Wehrkirche mit Wehranlage und wurde über romanischem und spätgotischem Vorgängerbau Mitte des 17. Jahrhunderts erbaut. Urkundlich 1326 genannt. Die Chorturmkirche ist 1260/80 entstanden (Mauerteile erhalten). Ausbau zur Wehrkirchenanlage mit Wehrgeschoss erfolgte um 1470-90 gegen die Türken. Barocker Ausbau und Umorientierung 1645, Südfassade und Inneres um 1778.

Baročna dvostolpna cerkev je nekdanja taborska cerkev z obrambno utrdbo, zgrajena sredi 17. stoletja na temelju romanske in poznogotske predhodnice. V listini je omenjena l. 1326. Cerkev s kornim stolpom izvira iz let 1260/80 (deli zidu so ohranjeni). V taborsko cerkev z utrjenim nadstropjem je bila izgrajena v letih 1470-90 zaradi Turkov. Leta 1645 je dobila baročno obliko in novo orientiranost; južno pročelje in notranjost sta iz časa okoli l. 1778.

Gorentschach | Gorenče

ANBETUNG | VEDNO ČEŠČENJE
27. November | november

PATROZINIUM | PATROCINIJ
Hl. Nikolaus | sv. Nikolaj

FILIALKIRCHE | PODRUŽNIČNA CERKEV
St. Radegund | Št. Radegunda
Hl. Radegund | sv. Radegunda

Die kleine Kirche ist ein in der Substanz gotischer Bau, dessen Langhaus bei einem Umbau 1827 nach Westen verlängert wurde. Urkundlich 1091 genannt, erst in den Jahren um 1780 wurde die Kirche zur Pfarre erhoben. Der schlichte Bau verfügt über keine Gliederung und wird durch den gotischen Südturm mit Spitzgiebelhelm akzentuiert. Im Inneren befindet sich eine Flachdecke von 1827, im Chor ein Tonnengewölbe.

Mala cerkev je v jedru gotska zgradba, vzdolžna ladja je bila ob prezidavi l. 1827 podaljšana proti zahodu. V listini omenjena l. 1091, šele okoli l. 1780 povišana v farno cerkev. Preprosta zgradba ni razčlenjena, poudarja jo gotski stolp s koničastim čelnim šlemom. Znotraj vidimo ploski strop iz l. 1827 in v koru banjasti obok.

Grafenbach | Kneža

PATROZINIUM | PATROCINIJ
Hl. Maria Magdalena | sv. Marija Magdalena

Die spätgotische Kirche vom Beginn des 16. Jahrhunderts liegt in 1161 Meter Seehöhe auf der Saualpe inmitten einer gut erhaltenen Wehranlage mit Torturm und Wehrgang von 1487-1532. Urkundlich 1309 genannt. Der Südturm von 1532 trägt einen Spitzgiebelhelm, die Vorhalle wurde um 1640 angebaut. Reich profiliertes Westportal. Im Inneren sind Sternrippengewölbe auf Runddiensten, im Chor ein Netzrippengewölbe.

Poznogotska cerkev iz začetka 16. stoletja stoji na nadmorski višini 1161 m na Svinški planini sredi dobro ohranjene taborske utrdbe s portalnim stolpom in obrambnim hodnikom iz let 1487-1532. V listini omenjena l. 1309. Južni stolp iz l. 1532 ima koničasti čelni šlem, lopa izvira iz iz časa okrog l. 1640. Bogato profilirana zahodna vrata. V notranjosti so zvezdasto rebrasti oboki na okroglih služnikih, v koru mrežasto rebrasti obok.

Greutschach | Krčanje

ANBETUNG | VEDNO ČEŠČENJE
8. Dezember | december

PATROZINIUM | PATROCINIJ
Hl. Martin von Tours | sv. Martin Tourski

Die gotische Kirche des 14. Jahrhunderts geht auf eine Chorturmkirche um 1300 zurück und wird von einem Karner und einer spätgotischen weitläufigen Wehranlage mit Wehrtürmen umgeben. Der mächtige gotische Turm trägt einen Pyramidenhelm. Spätgotischer Vorhallenbau im Westen mit Schießscharten. Im Inneren befinden sich Netzrippengewölbe um 1500 auf Wandpfeilern mit Runddiensten, im Chor ein Kreuzrippengewölbe.

Gotska cerkev iz 14. stoletja je grajena na temeljih cerkve s kornim stolpom iz časa okoli l. 1300, obdajata jo kostnica in prostorna poznogotska utrdba s stolpi. Mogočen gotski stolp ima piramidasti šlem. Na zahodni strani vidimo poznogotsko lopo s strelnimi linami, v notranjosti so mrežnorebrasti oboki na stenskih stebrih z okroglimi služniki iz časa okrog l. 1500, v koru pa križnorebrasti obok.

Haimburg

ANBETUNG
23. Oktober

PATROZINIUM
Mariä Heimgang

FILIALKIRCHEN
Dobrova
Hl. Bartholomäus
Haimburgerberg
Hl. Lambertus
Thalenstein - Schlosskapelle
Hl. Anna

Die spätgotische ehemalige Wehrkirche ist im Kern romanisch und besitzt einen hohen gotischen Chor Mitte des 15. Jahrhunderts. Urkundlich 1272 genannt. Der vorgestellte Westturm mit oktogonalem Spitzgiebelhelm wurde nach einem Erdbeben 1767 erneuert. Eine barocke Vorhalle vor dem Südportal. Christophorusfresko vom Beginn des 16. Jahrhunderts. Langhaus und Chor in gleicher Breite und von Strebepfeilern umstellt. Im Inneren befinden sich Netzrippengewölbe mit Schwingrippen im Scheitel von 1541, im Chor ein Netzrippengewölbe auf Diensten. Die Wandmalerei im Chorgewölbe ist von 1473.

Markt Griffen

ANBETUNG
23. Jänner

PATROZINIUM
Hll. Petrus und Paulus

FILIALKIRCHE
St. Kollmann Hl. Koloman

KAPELLE
Friedhofskapelle

Die Kirche besteht aus dem spätgotischen Hallenlanghaus 1499-1513 (Baumeister war vermutl. Andreas Bühler) und dem gotischen Langchor von 1339. Die beiden Seitenschiffe enden in polygonalen Nebenchören. Die spätgotische Rosenhaimer-Kapelle ist südlich des Langhauses, die Raitenau-Kapelle östlich an die Apside des Hauptchores angebaut. Der Turm im Norden (Stadtmauer) wurde 1886/87 auf gotischen Fundamenten errichtet, nachdem er 1792 abbrannte. Um 1600 entstand die quadratische Vorhalle. Im Inneren spannt sich ein Netzrippengewölbe mit durchlaufenden Rippen über sechs Achteckpfeiler.

Ruden | Ruda

ANBETUNG | VEDNO ČEŠČENJE
5. April | april

PATROZINIUM | PATROCINIJ
Hl. Maria Magdalena | sv. Marija Magdalena

FILIALKIRCHEN | PODRUŽNIČNI CERKVI
Lind | Lipa
Hl. Matthäus | sv. Matej
Lippitzbach | Lipica
Schlosskapelle | grajska kapela

Die spätgotische Kirche wird von einer Mauer umgeben und verfügt über einen mächtigen Nordturm mit Spitzgiebelhelm und einen hohen Chor aus der 1. Hälfte des 15. Jahrhunderts. Urkundlich 1511 genannt. Der Chor verfügt über Strebepfeiler und zweibahnige Maßwerkfenster. Im Inneren sind Sternrippengewölbe des frühen 16. Jahrhunderts über Wandvorlagen, im Chor ist ein Kreuzrippengewölbe auf abgekappten Diensten.

Poznogotska cerkev ima na severni strani mogočen stolp s koničastim čelnim šlemom, obdaja pa jo obzidje. Kor je iz prve polovice 15. stoletja. V listini prvič omenjena l. 1511. Kor ima opornike in dvopasovna okna s krogovičjem. Znotraj najdemo zvezdasto rebraste oboke iz zgodnjega 16. stoletja nad stenskimi oporniki, v koru je križno rebrasti obok na očeljenih služnikih.

St. Georgen am Weinberg

ANBETUNG
4. September

PATROZINIUM
Hl. Georg

FILIALKIRCHEN
Klein St. Veit
Hl. Vitus
Kremschitz
Hl. Leonhard
St. Lambert a. d. Lambrechtskogel
Hll. Lambertus und Markus

Die im Kern romanische Kirche ist ein spätgotischer Bau des 16. Jahrhunderts und liegt auf einem Hügel. Sie ist eine der 3 Hemmakirchen des Trixner Tales. Der weithin sichtbare Nordturm trägt einen barocken Zwiebelhelm. An den Ecken des Chorpolygons befinden sich zarte Runddienste, ein Opfertisch in der Vorhalle. Im Westen ist ein reich profiliertes Rundbogenportal mit Blendmaßwerk. In der Außenmauer ist ein römerzeitlicher Votivaltar eingemauert. Im Inneren befinden sich Sternrippengewölbe auf Runddiensten von 1528. Unter dem Chor ist eine Krypta mit unregelmäßigem Gewölbe.

St. Margarethen ob Töllerberg | Šmarjeta

ANBETUNG | VEDNO ČEŠČENJE
7. August | avgust

PATROZINIUM | PATROCINIJ
Hl. Margaretha | sv. Marjeta

FILIALKIRCHEN | PODRUŽNIČNI CERKVI
St. Franzisci | Želinje
Hl. Franz Xaver | sv. Frančišek Ksaverij

St. Katharina am Kulm | Hom
Hl. Katharina | sv. Katarina

Die spätgotische Kirche aus dem ersten Drittel des 16. Jahrhunderts ist im Kern ein romanischer Bau und wird von einem romanischen Rundkarner und Mauer umgeben. Urkundlich 1043 erwähnt. Der mächtige Westturm mit Spitzgiebelhelm dominiert das Äußere. Langhaus und Chor sind von Strebepfeilern umstellt. Im Inneren befinden sich Netzrippengewölbe auf Konsolen, im Chor ein Netzrippengewölbe, bezeichnet mit „1538".

Poznogotska cerkev iz prve tretjine 16. stoletja je v jedru romanska zgradba, obdaja jo obzidje z okroglo romansko kostnico. V listini omenjena l. 1043. Mogočni stolp na zahodni strani s koničastim čelnim šlemom prevladuje v zunanji podobi. Vzdolžno ladja in kor obdajajo oporniki. V notranjosti najdemo mrežasto rebraste oboke na konzolah, v koru mrežasto rebrasti obok z napisom „1538".

St. Peter am Wallersberg | Št. Peter na Vašinjah

ANBETUNG | VEDNO ČEŠČENJE
9. März | marec

PATROZINIUM | PATROCINIJ
Hl. Petrus | sv. Peter

FILIALKIRCHEN | PODRUŽNIČNE CERKVE
Lisnaberg | Lisna gora
Hll. Maria und Wolfgang | sv. Marija in Volbenk
St. Lorenzen | Št. Lovrenc
Hl. Lorenz | sv. Lovrenc
St. Martin | Šmartno
Hl. Martin | sv. Martin

Die große historistische Kirche wurde als Saalbau überwiegend neu um 1888 errichtet. Im Kern sind Teile des Vorgängerbaus erhalten (Chor und Turm aus dem 1. Drittel des 14. Jahrhunderts). Urkundlich 1353 genannt. Die Fassaden am Langhaus werden durch neoromanische Rundbogenfriese und Lisenen gegliedert. Der Turm trägt einen barocken Zwiebelhelm. Im Inneren sind Tonnengewölbe und Gurtbögen über Wandpilastern.

Velika cerkev iz historicizma je bila kot dvoranska cerkev novo grajena pretežno okrog l. 1888. V jedru so ohranjeni deli predhodne zgradbe (kor in stolp sta iz prve tretjine 14. stoletja). V listini omenjena l. 1353. Pročelji vzdolžne ladje sta razčlenjeni z novoromanskimi frizi s polkrožnimi loki in lizenami. Stolp ima baročen čebulasti šlem. Znotraj najdemo banjaste oboke in oprožne loke nad pilastri.

St. Ruprecht bei Völkermarkt | Št. Rupert pri Velikovcu

ANBETUNG | VEDNO ČEŠČENJE
25. Juni | junij

PATROZINIUM | PATROCINIJ
Hl. Ruprecht | sv. Rupert

FILIALKIRCHEN | PODRUŽNIČNI CERKVI
St. Agnes | sv. Neža Hl. Agnes | sv. Neža
Neudenstein | Št. Urh Hl. Ulrich | sv. Urh

KAPELLEN | KAPELI
Kalvarienbergkapelle | kapela na Kalvarijski gori
Klosterkapelle der Schulschwestern | zavodska
kapela šolskih sester Hl. Philomena | sv. Filomena

Die Chorturmkirche geht im Kern auf das 12./13. Jahrhundert zurück und wird vom neogotischen Umbau Mitte des 19. Jahrhunderts geprägt. Sie liegt von einem spätromanischen Karner und Friedhof umgeben. Urkundlich 1148 genannt (Mutterkirche der 3 Hemmakirchen), Pfarrerhebung 1798. Die Fassadengestaltung umfasst Blendbogenfriese, Blendmaßwerk und Kolossallisenen. Der Chorturm wurde 1857 aufgebaut.

Cerkev s kornim stolpom izvira iz 12./13. stoletja. Značilnost ji daje novogotska prezidava iz sredine 19. stoletja, obdajata pa jo poznoromanska kostnica in pokopališče. V listini omenjena l. 1148 (matična cerkev treh Heminih cerkva), v farno cerkev povišana l. 1798. Dekorativno oblikovano pročelje obsegajo frizi s slepimi loki, slepo krogovičje in ogromne lizene. Korni stolp so postavili l. 1857.

St. Stefan bei Niedertrixen

ANBETUNG
31. Oktober

PATROZINIUM
Hl. Stephanus

FILIALKIRCHEN
St. Martin bei Niedertrixen
Wandelitzen

Die im 17. Jahrhundert barockisierte gotische Kirche aus der Mitte des 15. Jahrhunderts geht in der Substanz auf einen romanischen Bau zurück und liegt von einem frühgotischen Karner und dem Friedhof mit Portal umgeben. Urkundlich 1170/90 genannt. Der mächtige Nordturm besitzt reiches gotisches Maßwerk im Schallgeschoss und einen hohen Spitzgiebelhelm. Im Rechteckchor befinden sich ein Wandgemälde eines sog. „Feiertagschristus" und ein Apostelzyklus um 1424 vom Umkreis des Erasmus und Christoph von Bruneck. Das Innere überspannt ein queroblonges barockes Platzlgewölbe mit Gurtbögen.

Stift Griffen | Grebinjski klošter

ANBETUNG | VEDNO ČEŠČENJE
2. Feber | februar

PATROZINIUM | PATROCINIJ
Mariä Himmelfahrt | Marijino vnebovzetje

FILIALKIRCHEN | PODRUŽNIČNE CERKVE
Alte Pfarrkirche | stara farna cerkev Unsere Liebe Frau | Naša ljuba Gospa
Dürrenmoos | Suho Blato Hl. Jakob | sv. Jakob
Gletschach | Kleče Hl. Thomas | sv. Tomaž
St. Michael in Unterberg | Šmihel v Podgori Hl. Michael | sv. Mihael
Wallersberg | Vašinje Hl. Michael | sv. Mihael

Die spätromanische Pfeilerbasilika ist Teil des ehemaligen Prämonstratenserstiftes. Urkundlich 1272 genannt. Nach Brand 1648 und Anfang des 18. Jahrhunderts kam es zu Veränderungen. Die romanische Struktur blieb erhalten. Die barocke Westfassade besitzt einen Wellengiebel, Riesenpilastergliederung und einen Stuck-Baldachinvorhang mit Skulptur des Hl. Norbert. Im Inneren sind Kreuzgratgewölbe und Pfeilerarkaden.

Poznoromanska stebrna bazilika je del nekdanjega samostana premonstratencev. V listini omenjena l. 1272. Po požarih l. 1648 in v začetku 18. stoletja gradbeno spremenjena. Romanska struktura je ostala ohranjena. Baročno zahodno pročelje ima valovno čelo in štukaturni baldahinski zastor s skulpturo sv. Norberta ter je razčlenjeno z velikanskimi pilastri.

Völkermarkt

ANBETUNG
25. September

PATROZINIUM
Hl. Maria Magdalena

FILIALKIRCHE
Kreuzbergl Kapelle

KAPELLE
Wegkapelle

Die spätromanische Basilika der 2. Hälfte des 13. Jahrhunderts wurde im 15. Jahrhundert maßgeblich umgebaut. Urkundlich 1463 als Pfarre erwähnt. Durch Brände im 17. Jahrhundert und 1830 beschädigt, durch ein Erdbeben 1690 Teile zerstört. Die gotische Staffelchoranlage ist aus dem 14./15. Jahrhundert. Der Westbau mit 2 Türmen stammt aus Spätromanik. Der Nordturm ist gotisch mit einem barocken Zwiebelhelm, der Südturm durch Erdbeben zerstört. Das Westportal entstand 1240-47. Im Inneren Staffelhalle mit Sternrippengewölben 1473-93 (1830 erneuert), im Chor feines Netzrippengewölbe.

DEKANAT

Wolfsberg

Forst • Kamp • Prebl • Preitenegg • Reichenfels • St. Gertraud im Lavanttal • St. Leonhard im Lavanttal • St. Marein • St. Margarethen bei Wolfsberg • St. Michael bei Wolfsberg • St. Peter bei Reichenfels • St. Stefan im Lavanttal • Schiefling im Lavanttal • Theißenegg • Wolfsberg

Forst

ANBETUNG
7. Dezember

PATROZINIUM
Hl. Johannes der Täufer

Die barocke Kirche liegt am Ostrand der Saualpe und wird von einer Mauer umgeben. Der Bau entstand im 18. Jahrhundert und wurde 1848 umgestaltet (Gewölbe). Eine Stiftung (Benefizium) von 1731 nachweisbar. Seit 1854 als Pfarre verzeichnet. Dem schlichten Langhaus ist ein Westturm mit Zwiebelhelm vorgestellt. Im Inneren befinden sich Platzlgewölbe mit Gurtbögen auf Pilastern. Der Polygonalchor wird vom Langhaus durch stärkere Pilaster hervorgehoben.

Kamp

ANBETUNG
29. Mai

PATROZINIUM
Hl. Nikolaus

KAPELLE
Obergösel-Kapelle
Hl. Christophorus

Die spätgotische Kirche des 15. Jahrhunderts wurde 1493 geweiht und liegt in 1179 Meter Seehöhe auf einem Ausläufer der Koralpe. Urkundlich 1346 (?) und 1399 genannt. Das Langhaus wurde im 19. Jahrhundert nach Westen verlängert. Der Westturm ist von 1843 und trägt einen Pyramidenhelm. Langhaus und Chor in gleicher Breite sind von Strebepfeilern umstellt, die Fensteröffnungen sind aus dem 19. Jahrhundert. Im Inneren befinden sich Netzrippengewölbe auf Runddiensten. An der Triumphbogenwand Datierungen „1500" und „1523". Der Chor hat ein Kreuzrippengewölbe aus dem späten 15. Jahrhundert.

Prebl

ANBETUNG
22. Dezember

PATROZINIUM
Hl. Martin

FILIALKIRCHEN
Gräbern
Hll. Philipp und Jakob

KAPELLEN
**Wegkapelle
Preblau**
Maria Hilf

Der im Kern romanische mehrfach erweiterte gotische Kirchenbau verfügt über einen gotischen Chor des 14. Jahrhunderts. Der Chor mit Maßwerkfenstern ist gleich breit wie das Langhaus, an das sich ein seitenschiffähnlicher Anbau fügt. Der Nordturm trägt einen Spitzhelm. Das Südportal hat einen verstäbten Eselsrückenbogen und stammt aus der Zeit um 1500. An der Außenmauer sind römerzeitliche Fragmente eingemauert. Im Inneren sind Kreuzgratgewölbe des 15. Jahrhunderts und Arkadenbögen zum Seitenschiff, im Chor ein Kreuzrippengewölbe auf Konsolen.

Preitenegg

ANBETUNG
12. Dezember

PATROZINIUM
Hl. Nikolaus

FILIALKIRCHE
Waldenstein
Hl. Johannes Nepomuk

Die ehemalige romanische Chorturmkirche des 12./13. Jahrhunderts wurde im 15./16. Jahrhundert erweitert und ausgebaut. Sie liegt in 1074 Meter Seehöhe an der Packstraße und wird vom Friedhof umgeben. Urkundlich 1288 genannt, Pfarre seit dem 15. Jahrhundert. Die Obergeschosse des Chorturms sind vom Ende des 14./Anfang des 15. Jahrhunderts. Der spätgotische Chor wurde zu Beginn des 16. Jahrhunderts an das romanische Chorquadrat des Turmes angebaut. Die Fensteröffnungen sind erneuert. Das Innere des Saalraums hat eine Flachdecke, der Chor weist ein spätgotisches Parallelrippengewölbe auf.

Reichenfels

ANBETUNG
1. Dezember

PATROZINIUM
Hl. Jakobus d. Ältere

FILIALKIRCHE
Sommerau Hl. Oswald

KAPELLE
Zöhrer-Kapelle
Maria Heimsuchung

Die Chorturmkirche aus der 1. Hälfte des 13. Jahrhunderts wurde in der Spätgotik um den Chor erweitert und im 18. Jahrhundert barockisiert. Urkundlich 1285 genannt. Der mächtige das äußere Erscheinungsbild prägende Chorturm ist im Schallgeschoss gotisch und trägt einen barocken Aufbau mit Zwiebelhelm. Der hohe spätgotische Polygonalchor wird von 2stufigen Strebepfeilern umstellt und besitzt Maßwerkfenster. Im Inneren befinden sich Netzrippengewölbe vom Ende des 15. Jahrhunderts über runden Wandvorlagen, im Chor ist ein Netzrippengewölbe.

St. Gertraud im Lavanttal

ANBETUNG
17. März

PATROZINIUM
Hl. Gertraud

FILIALKIRCHE
Frantschach - Kreuzkapelle

Die spätgotische Kirche liegt vom Friedhof umgeben und wurde in der 1. Hälfte des 16. Jahrhunderts erbaut. 1963/64 wurde der Bau durch einen großen saalartigen Quertrakt nach Süden erweitert. Urkundlich 1289, seit 1539 als Pfarre verzeichnet. Im Kern geht die Anlage auf die Romanik zurück. Dem ehemaligen Langhaus ist ein Turm mit einem Pyramidenhelm vorgestellt. Die Westfront des neuen Langhaustraktes ist durch 3 schmale Fensterbahnen vertikal rhythmisiert. Im Inneren ist der Saalraum durch Betonstützen gegliedert und flach gedeckt. Im ehemaligen Langhaus Netzgratgewölbe auf Runddiensten.

St. Leonhard im Lavanttal

ANBETUNG
20. Juni

PATROZINIUM
Hl. Leonhard

FILIALKIRCHE
St. Kunigund

KAPELLE
Spitalkirche

Die spätgotische Basilika mit Staffelchoranlage liegt außerhalb der Stadt, wurde im 1. Drittel des 14. Jahrhunderts erbaut und um 1340 vollendet. Zur Wehrkirche um 1485 ausgebaut. Maßgebliche Renovierung 1885. Einzigartiger Bestand gotischer Glasmalereien von 1340/50. Urkundlich eine Kapelle 1106-1136 gegründet, seit 1278 als Pfarre. Der Außenbau wird von einer 1910-12 geschmiedeten Leonhardskette umgeben (urspr. 1480 gestiftet). Der Fassadenturm mit Erkern ist von 1485, Helm nach Brand 1885 und 1930 erneuert. Im Süden ist ein Stufenportal mit Fialaufsätzen und Blendmaßwerk.

St. Marein

ANBETUNG
13. Jänner

PATROZINIUM
Mariä Himmelfahrt und
Hl. Maria Magdalena

FILIALKIRCHEN
Reisberg
Hll. Petrus und Paulus

Reisberg
Hl. Kunigunde

Siegelsdorf
Hl. Nikolaus

Die spätgotische Staffelhallenkirche mit 2 mächtigen Zwiebelhelm-Türmen wurde nach der Zerstörung des Vorgängerbaus durch die Türken 1480 zum größten Teil neu errichtet. Eine Kapelle vermutlich bereits 888 bestehend. Im Frühbarock und Historismus (1862) umgestaltet. Urkundlich 1178 erwähnt, als Pfarre seit 1207 verzeichnet. Westfassade wurde neugotisch verändert. Der Hauptchor stammt aus dem 14. Jahrhundert. Reiches spätgotisches Südportal um 1500, Nordportal von 1514. Im Inneren sind Spitzbogenarkaden über Oktogonalpfeilern, darüber befinden sich Netz- und Sternrippengewölbe.

St. Margarethen bei Wolfsberg

ANBETUNG
10. Juni

PATROZINIUM
Hl. Margareta

FILIALKIRCHE
Preims
Hl. Primus

KAPELLE
Riegerkapelle

Die spätgotische Kirche ist vom Friedhof umgeben und wurde 1530 vollendet. Urkundlich 1289 erwähnt (gegründet). Der Westturm ist fast völlig eingestellt und springt leicht aus der Westfassade hervor. Er ist bis ins Glockengeschoss gotisch, der Spitzhelm stammt aus dem 19. Jahrhundert. Der Emporenaufgang an der Südseite wurde 1847 errichtet. Im Inneren befinden sich Netzrippengewölbe auf Runddiensten und Kapitellen des späten 15. Jahrhunderts (im Chor bez. 1530). Das Langhausgewölbe ist völlig mit dekorativen barocken Wandmalereien von Johannes Sattler 1753 ausgestattet.

St. Michael bei Wolfsberg

ANBETUNG
3. Februar

PATROZINIUM
Hl. Michael

FILIALKIRCHEN
Lading Hl. Ägidius
Aichberg Hl. Bartholomäus

KAPELLEN
Kreuzkapelle Hl. Michael
Himmelau Hl. Johannes von Nepomuk

Die große barockisierte gotische Kirche geht in der Substanz auf die Romanik zurück. Urkundlich vermutlich 1224 erstmals genannt. Der vorgestellte im Kern gotische Westturm verfügt über eine spätbarocke Pilastergliederung und einen Spitzhelm des 19. Jahrhunderts. Das Turmerdgeschoss hat ein Kreuzgratgewölbe. Im Inneren befindet sich ein Tonnengewölbe mit Stichkappen und kräftigen Pilastern des späten 18. Jahrhunderts. Im spätgotischen, kaum eingezogenen Chor ist ein Netzrippengewölbe mit Schlusssteinen über Runddiensten. Rest von Wandmalerei des 14./15. Jahrhunderts im Langhaus.

St. Peter bei Reichenfels

ANBETUNG
23. März

PATROZINIUM
Hl. Petrus und Paulus

Die spätgotische Kirche unweit der steirischen Landesgrenze besitzt einen wuchtigen Westturm und wird von einem romanischen Karner des 13. Jahrhunderts und einer Mauer umgeben. Vermutlich die älteste Kirche des oberen Lavanttales. Urkundlich 1354 als Pfarre genannt. Der gotische Vorgängerbau wurde 1480 von den Türken zerstört, Weihe des spätgotischen Neubaus 1492. Der weithin sichtbare Westturm ist mit dem Langhaus gleichbreit und trägt einen barocken Zwiebelhelm. Im kurzen 2jochigen Langhaus befinden sich Netzrippengewölbe, im Chor ein schlichtes Kreuzrippengewölbe auf Konsolen.

St. Stefan im Lavanttal

ANBETUNG
23. Februar

PATROZINIUM
Hl. Stephanus

FILIALKIRCHE
Rieding

Die spätgotische Kirche entstand in den Jahren um 1500 und wurde 1962 nach Norden verbreitert und nach Westen verlängert. Urkundlich zwischen 1106 und 1139 als Kapelle genannt, seit 1964 als Pfarre verzeichnet. Der hohe Nordturm trägt einen Pyramidenhelm. Der Polygonalchor verfügt über zweibahnige Maßwerkfenster und gestufte Strebepfeiler. Im Inneren befinden sich spätgotische Netzrippengewölbe auf Runddiensten. Das Langhaus ist durch Arkaden zum flachgedeckten Anbau geöffnet. Im Chor ein Netzrippengewölbe auf Diensten und Konsolen.

Schiefling im Lavanttal

ANBETUNG
1. September

PATROZINIUM
Hl. Ägidius

FILIALKIRCHE
Twimberg
Hl. Josef

Die große spätbarocke Kirche aus dem 3. Viertel des 18. Jahrhunderts steht am Westrand des Ortes und wird von einem Friedhof umgeben. Urkundlich als Pfarre vor 1417 genannt. Der mächtige vorgestellte Westturm ist im Kern gotisch und aus der Achse des Langhauses gerückt. Er trägt einen geschweiften Spitzhelm. An das schlichte Langhaus ist ein zweigeschossiger Sakristeianbau mit einer geschweiften Giebelfassade gestellt. Im Saallanghaus befindet sich ein Tonnengewölbe mit Stichkappen und starken Wandpfeilern, in der halbrunden Apside sind Stichkappen.

Theißenegg

ANBETUNG
30. November

PATROZINIUM
Hl. Magdalena

Die gotische im Kern romanische Wehrkirche liegt in 1121 Meter Seehöhe auf einem Ausläufer der Koralpe und wird von einer Wehrmauer mit 2 Rundbogenportalen umgeben. Urkundlich als Pfarre vor 1464 genannt. Über dem Chor und dem Langhaus befindet sich ein Wehrobergeschoss mit Schießscharten. Der Westturm ist in gleicher Breite mit dem Langhaus und trägt ein Pyramidendach. Das nördliche Seitenschiff wurde im 17. Jahrhundert angebaut. Profiliertes gotisches Portal mit Tympanon im Westen. Im Inneren befinden sich im Langhaus und im Chor Kreuzrippen auf Stuckkonsolen.

Wolfsberg

ANBETUNG 9. Mai

PATROZINIUM Hl. Markus

FILIALKIRCHEN
St. Jakob | St. Johann Hl. Johannes der Täufer |
St. Thomas | Dreifaltigkeitskirche

REKTORAT
Mariä Himmelfahrt ehemalige Kapuzinerkirche,
jetzt der Benediktiner von St. Paul im Lavanttal

KAPELLEN
**Hauskapelle des Pfarrhofs | Anna- oder
Bäckerkapelle | Schlosskapelle** Hl. Ulrich
Krankenhauskapelle Hl. Vinzenz von Paul
Altenheimkapelle

Die spätromanische Pfeilerbasilika des 13. Jahrhunderts wurde spätgotisch und frühbarock umgebaut. Eine maßgebliche Renovierung fand im 19. Jahrhundert statt. Vom romanischen Bau ist die Anlage des Langhauses, das Chorquadrat und das Trichterportal aus 1240 erhalten. Der Chorschluss ist aus der 1. Hälfte des 14. Jahrhunderts, der mächtige Nordturm aus dem späten 14. Jahrhundert. Erhöhung des Turmes 1639, um 1830 erneuert (Helm). Im Inneren befinden sich Kreuzrippengewölbe des späten 14. Jahrhunderts auf quadratischen Pfeilern. Im Chor Kreuzrippen aus der 1. Hälfte des 14. Jahrhunderts.

Schatzkammer Gurk

WWW.KATH-KIRCHE-KAERNTEN.AT/SCHATZKAMMER

Dr. Eduard Mahlknecht
GESCHÄFTSFÜHRENDER LEITER
DER SCHATZKAMMER GURK

Das Diözesanmuseum, als Sammlung sakraler Kunst aus Kärnten, die vom Gründungsjahr 1917 bis 1937 einen beachtlichen Umfang angenommen hatte, war zunächst in den Räumen der bischöflichen Residenz in Klagenfurt untergebracht.
Seine Übersiedelung im Jahr 1974 in den 3. Stock des neu erbauten Hauses am Dom hat sich ungünstig auf die Besucherfrequenz ausgewirkt, sodass bereits ab den 90-er Jahren Überlegungen über einen geeigneteren Standort angestellt wurden.
Es sollte jedoch noch bis zum Jahr 2008 dauern, bis nach dem Auszug des Salvatorianerordens das neben dem bedeutendsten Sakralbau Kärntens, dem Gurker Dom, gelegene Propsteigebäude als neuer geeigneter Standort für das Diözesanmuseum gefunden und nach einem längeren Entscheidungsprozess definitiv ausgewählt wurde.
Die nunmehr enger ins Auge gefasste Übersiedelung des Diözesanmuseums, für das mittlerweile der Titel „Schatzkammer Gurk" gewählt worden war, wurde zum Anlass genommen, zusätzlich zum bisher ausgestellten Bestand an Kunstobjekten auch den des Depots zu erfassen und in ein neues Museumskonzept einzubinden.
Darin wurde versucht, bei der Neuanordnung der Objekte stilistische Gesichtspunkte ebenso zu berücksichtigen wie ikonographisch inhaltliche; insbesondere der unvergleichlich reiche Bestand an gotischen Objekten legte es nahe, eine inhaltliche Gruppierung nach Themenbereichen vorzunehmen: Christi Geburt, Marienleben, Passion, Christusnachfolge bzw. Heilige. Die stilistische Abfolge der restlichen Epochen umfasst die Romanik, die Renaissance und den Barock, wobei ein Querschnitt durch unterschiedliche Disziplinen wie Malerei, Bildhauerei, textile Kunst, Goldschmiedekunst geboten wird.
Als besondere Kostbarkeiten sind darin aus der Romanik die Magdalenenscheibe aus Weitensfeld (um 1170), der Hölleiner Kruzifixus (um 1180), der Gurker Tragaltar (13. Jh) und 2 Madonnenskulpturen zu bewundern, aus der Gotik der Rangersdorfer Petrus und Paulusaltar (1422) der Flitschler Altar von 1516, die Kreuzigungstafel von Innernöring um 1460, mehrere gotische Madonnenstatuen und Heiligenskulpturen, das Fastentuch aus Steuerberg und jenes von Gurk, zudem kunstvolle gotische Glasmalereien. Nach einem kurzen Abstecher in die innerhalb Kärntens evangelisch geprägte Kunst der Renaissance (Altar aus Steuerberg um 1560), wird noch ein Einblick in die Kunst des Barocks (Hochaltarstatuen aus St. Andrä von Fr. Anton Detl um 1740) aber auch der Volksfrömmigkeit (Votivbilder, Votivgaben, Hinterglasmalereien) und der für Gurk so bedeutenden Hemmaverehrung (Hemmareliquiar, Krainer Prozessionsstatuen) geboten. Den krönenden Abschluss bildet schließlich die Schatzkammer in der Schatzkammer mit der Darbietung von liturgischem Gerät (Kelche, Monstranzen, Reliquiare aus unterschiedlichen Epochen) kunstvoll gearbeiteten Lederpölstern, sowie von gotischen Missales.
Zu all den kostbaren Objekten ergeben die gotisch und barock gewölbten Räume im Erdgeschoss des Propsteihofes, zu denen sich als Krönung die gotische Propsteikapelle gesellt, nach ihrer Sanierung und Adaptierung (2012-2014) und insbesondere nach ihrer elementaren Einrichtung in Holz und Metall (Architekten Roland Winkler, Klaudia Ruck) ein adäquat stimmungshaftes Ambiente und bewirken, dass dieses Museum: die am 30. April 2014 eröffnete Schatzkammer Gurk, in seiner Gesamtheit ein Fest für die Augen und für die Seele werden konnte.

Romanik — Magdalenenscheibe
Glasmalereifenster
um 1170
Weitensfeld

Romanik   Madonna mit Kind
13. Jh.
Klein St. Paul

Barock Marienkrönung
M. 17. Jh.
St. Ruprecht bei Staudachhof

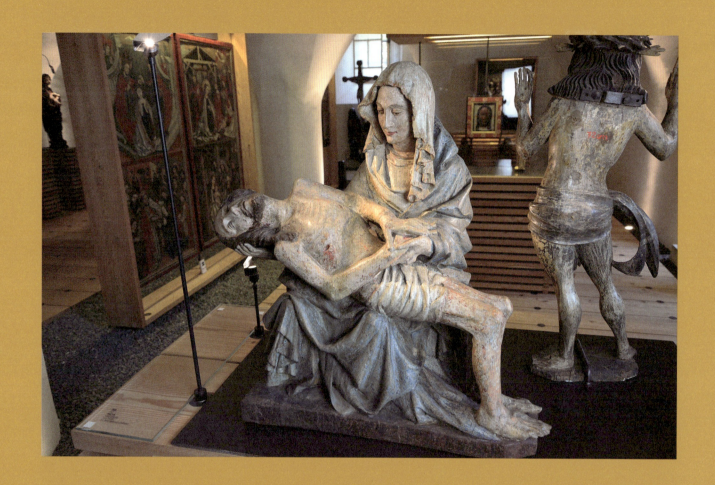

Gotik   Pietá
Vesperbild
um 1420
St. Michael am Zollfeld

Romanik   Weihrauchfass
          12. Jh.
          Grabelsdorf / Grabalja vas

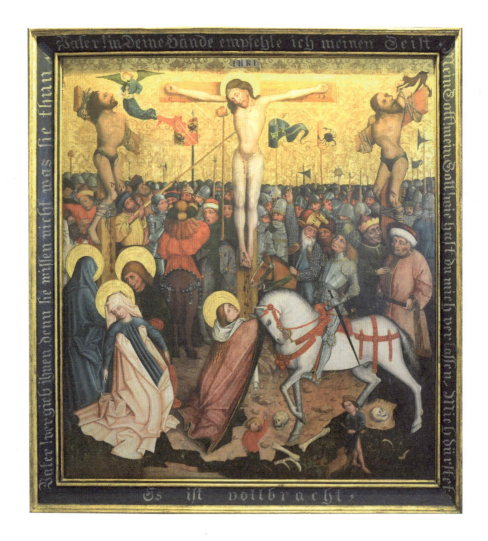

Gotik — Kreuzigungstafel
„Kreuzigung mit großem Gedräng"
1460 - 1470
Innernöring
Werkstatt Konrad Laib

Gotik Geburt Christi
um 1515
St. Ruprecht bei Villach

Barock Hl. Franziskus v. Assisi
Mitte 18. Jh.
St. Sebastian

Gotik — Weihnachtsaltar
dat. 1519
Oberwöllan
Jüngere Villacher Werkstatt

Gotik   Hl. Oswald
Freskoteil
um 1400
Malta

Renaissance Emmausszene
Holzrelief
1. H. 17. Jh.
Spitalskirche Straßburg

Gotik　Missale
　　　　Messbuch
　　　　um 1508
　　　　Aquileja

Volkstümlicher Kruzifixus
eventuell 17. Jh.

Renaissance — Votivbild
ältestes Votivbild Kärntens
dat. 1537
Maria Waitschach

Gotik Hemmastatue
1480
St. Walburgen

Gotik — Scheibe
Taufe Christi
um 1400
Pfarrkirche Ebriach / Obirsko

ΑΩ

Mag. Gabriele Russwurm-Bíro
PUNKT

Mag. phil. Gabriele Russwurm-Bíro, geboren 1966 in Wien, studierte Kunstgeschichte. Von 1992 bis 2000 arbeitete sie wissenschaftlich für das Bundesdenkmalamt in Wien, Niederösterreich und Kärnten. War seit 2002 Kulturjournalistin, von 2006 bis 2008 Politikredakteurin in der KTZ. Seit 2013 ist sie als Berufsfotografin und PR-Beraterin selbständig tätig. Freie Mitarbeiterin am Landeskonservatorat Kärnten (Gutachtertätigkeit). Seit 15 Jahren lebt die Kunsthistorikerin mit ihrem Mann und ihrem Sohn in Klagenfurt. 2004 und 2006 veröffentlichte sie zwei Kinderbücher, 2008 war sie Herausgeberin von „Mein Café. Kaffeehauskultur in Kärnten" (alle Hermagoras-Verlag), 2011 folgte „Mein See. – 33 Autorinnen und Autoren über Kärntner Seen" (Drava-Verlag). „Mein Garten. Kärntner Gartenkultur" (Drava-Verlag) erscheint 2015.

www.russwurm-photo.com

Vincenc Gotthardt
STRICH

Vincenc Gotthardt, geboren 1964 in Villach, zuhause in Dellach/Dule im Gailtal. Lebt in Klagenfurt. 1986-1990 Redakteur der slowenischen Wochenzeitung »Naš tednik«. 1990 erhielt er den Sonderpreis zum Österreichischen Staatspreis für Literaturkritik. Seit 1991 Redakteur der slowenischen Wochenzeitung der Diözese Gurk »Nedelja«. Als Fotograf Mitarbeit beim Kulturführer von Janko Zerzer »Po koroških poteh« (1997) und beim zweisprachigen Buch von Janko Zerzer »Auf beiden Sonnenseiten der Karawanken/Na obeh sončnih straneh Karavank« (2004).
Vincenc Gotthardt je rojen l. 1914 v Beljaku. Doma je v Dulah v Ziljski dolini. Od 1987-1990 je bil urednik glasila »Naš tednik«. Leta 1990 je prejel posebno nagrado ob Avstrijski državni nagradi za literarno kritiko. Od l. 1991 je urednik tednika krške škofije »Nedelja«. Kot fotograf je sodeloval pri kulturno-zgodovinskem vodniku Janka Zerzerja »Po koroških poteh« (1997) in pri dvojezičnem vodniku »Auf beiden Sonnenseiten der Karawanken/Na obeh sončnih straneh Karavank« (2004).

gotthardt@nedelja.at

Verwendete Literatur

Bundesdenkmalamt (Hrsg.), Dehio – Handbuch, Die Kunstdenkmäler Österreichs, topographisches Denkmälerinventar - Kärnten, Verlag Anton Schroll & Co, Wien 2001, 3. Erweiterte und verbesserte Auflage, bearbeitet von Gabriele Russwurm-Bíro.

Weitere Literatur

Biedermann Gottfried, Brugger Christian und Leitner-Ruhe Karin, Moderne in Kärnten – Kunstgeschichte Kärntens, Verlag Carinthia, Klagenfurt 2009

Deuer Wilhelm, Jauntaler Kulturwanderungen. Ein kunstgeschichtlicher Begleiter durch den Bezirk Völkermarkt, Klagenfurt 2001

Deuer Wilhelm, Grabmayer Johannes, Transromanica – Auf den Spuren der Romanik in Kärnten – Kulturwanderungen, Verlag Johannes Heyn, Klagenfurt 2008

Hanisch-Wolfram Alexander, Auf den Spuren der Protestanten in Kärnten – Kulturwanderungen, Verlag Johannes Heyn, Klagenfurt 2010

Kappeller Matthias (Hrsg.), Kirchen, Klöster und Kultur – Begegnungsorte in Kärnten, Verlag Carinthia, Klagenfurt 2001

Katholische Kirche in Kärnten/Pressestelle, Kirchen und andere sakrale Bauten des 20. und 21. Jahrhunderts – Kärnten - Slowenien – Friaul, Broschüre, Klagenfurt 2012

Inhaltsverzeichnis | Kazalo

AΩ	5
Dekanat Bleiburg| dekanija Pliberk	**13**
Bleiburg | Pliberk	14
Edling | Kazaze	15
Neuhaus | Suha	16
Rinkenberg | Vogrče	17
Schwabegg | Žvabek	18
St. Michael ob Bleiburg | Šmihel nad Pliberkom	19
Dekanat Eberndorf | dekanija Dobrla vas	**21**
Abtei | Apače	22
Eberndorf | Dobrla vas	23
Ebriach | Obirsko	24
Eisenkappel | Železna Kapla	25
Gallizien | Galicija	26
Globasnitz | Globasnica	27
Kühnsdorf | Sinča vas	28
Möchling | Mohliče	29
Rechberg | Rebrca	30
Sittersdorf | Žitara vas	31
St. Kanzian | Škocjan	32
St. Philippen ob Sonegg | Št. Lipš	33
St. Stefan unter Feuersberg | Šteben	34
St. Veit im Jauntal | Št. Vid v Podjuni	35
Stein im Jauntal | Kamen v Podjuni	36
Dekanat Feldkirchen	**37**
Außerteuchen	38
Feldkirchen	39
Friedlach	40
Glanhofen	41
Gnesau	42
Himmelberg	43
Klein St. Veit	44
Ossiach	45
Radweg	46
Sirnitz	47
St. Gandolf	48
St. Josef am Ossiacher See	49
St. Lorenzen i. d. Reichenau	50
St. Margarethen i. d. Reichenau	51
St. Martin in Ebene Reichenau	52
St. Nikolai bei Feldkirchen	53
St. Ulrich bei Feldkirchen	54
St. Urban bei Feldkirchen	55
Steuerberg	56
Tiffen	57
Wachsenberg	58
Zedlitzdorf	59
Dekanat Ferlach | dekanija Borovlje	**61**
Ferlach | Borovlje	62
Glainach | Glinje	63
Göltschach | Golšovo	64
Kappel an der Drau | Kapla ob Dravi	65
Köttmannsdorf | Kotmara vas	66
Loibltal | Brodi	67
Ludmannsdorf | Bilčovs	68
Maria Rain | Žihpolje	69
St. Johann im Rosental | Št. Janž v Rožu	70
St. Margarethen im Rosental | Šmarjeta v Rožu	71
Suetschach | Sveče	72
Unterloibl | Podljubelj	73
Waidisch | Bajtiše	74
Windisch Bleiberg | Slovenji Plajberk	75
Zell | Sele	76
Dekanat Friesach	**77**
Dobritsch	78
Feistritz ob Grades	79
Friesach	80
Gaisberg	81
Grades	82
Grafendorf bei Friesach	83
Hohenfeld	84
Ingolsthal	85
Kärntnerisch-Laßnitz	86
Metnitz	87
Micheldorf	88
Oberhof	89
St. Salvator	90
St. Stefan bei Dürnstein	91
Zeltschach	92
Zienitzen	93
Dekanat Gmünd-Millstatt	**95**
Altersberg	96
Bad Kleinkirchheim	97
Döbriach	98
Gmünd	99
Kaning	100
Kremsalpe	101
Kremsbrücke	102
Leoben	103
Liseregg	104
Malta	105
Millstatt	106

Nöring	107	Zammelsberg	140	St. Martin am Techelsberg	174
Obermillstatt	108	Zweinitz	141	St. Michael am Zollfeld	175
Radenthein	109			Tigring	176
Seeboden	110	**Dekanat Hermagor | dekanija Šmohor**	**143**	**Dekanat Klagenfurt-Stadt**	**177**
St. Oswald ob Bad Kleinkirchheim	111	Egg | Brdo	144	Ebenthal	178
St. Peter im Katschtal	112	Feistritz an der Gail | Bistrica na Zilji	145	Klagenfurt-Annabichl	179
St. Peter ob Radenthein	113	Förolach	146	Klagenfurt-Dom	180
Treffling	114	Göriach | Gorje	147	Klagenfurt-St. Egid	181
Dekanat Greifenburg	**115**	Hermagor	148	Klagenfurt-St. Hemma	182
Berg	116	Mellweg | Melviče	149	Klagenfurt-St. Jakob a. d. Straße	183
Dellach im Drautal	117	Mitschig	150	Klagenfurt-St.Josef-Siebenhügel	184
Greifenburg	118	Rattendorf	151	Klagenfurt-St. Martin	185
Irschen	119	Saak	152	Klagenfurt-St. Modestus	186
Lind im Drautal	120	St. Georgen im Gailtal	153	Klagenfurt-St. Peter	187
Oberdrauburg	121	St. Lorenzen im Gitschtal	154	Klagenfurt-St. Ruprecht	188
Ötting	122	St. Paul an der Gail	155	Klagenfurt-St. Theresia	189
Sachsenburg	123	St. Stefan an der Gail	156	Klagenfurt-Welzenegg	190
Steinfeld-Radlach	124	Tröpolach	157	St. Georgen am Sandhof	191
Waisach	125	Vorderberg	158	Viktring-Stein	192
Zwickenberg	126	Weißbriach	159	Klagenfurt-Wölfnitz	193
Dekanat Gurk	**127**	**Dekanat Klagenfurt-Land**	**161**	Župnija sv. Cirila in Metoda | Slowenisches Pastoralzentrum	194
Altenmarkt	128	Hörzendorf	162	**Dekanat Kötschach**	**195**
Deutsch-Griffen	129	Karnburg	163	Grafendorf im Gailtal	196
Glödnitz	130	Keutschach | Hodiše	164	Kirchbach	197
Gunzenberg	131	Krumpendorf	165	Kornat	198
Gurk	132	Maria Saal	166	Kötschach	199
Kraßnitz	133	Maria Wörth	167	Liesing	200
Lieding	134	Moosburg	168	Maria Luggau	201
Pisweg	135	Pörtschach am Ulrichsberg	169	Mauthen	202
St. Georgen unter Straßburg	136	Pörtschach am Wörthersee	170	Reisach	203
St. Jakob ob Gurk	137	Projern	171	St. Daniel im Gailtal	204
Straßburg	138	Schiefling am See | Škofiče	172	St. Jakob im Lesachtal	205
Weitensfeld	139	St. Martin am Ponfeld	173	St. Lorenzen im Lesachtal	206

Waidegg	207	Winklern	242	**Dekanat St. Veit an der Glan**	**273**
Würmlach	208	**Dekanat Rosegg | dekanija Rožek**	**243**	Brückl	274
Dekanat Krappfeld	**209**			Glantschach	275
Althofen	210	Augsdorf | Loga vas	244	Gradenegg	276
Eberstein	211	Damtschach	245	Hl. Dreifaltigkeit/Gray	277
Guttaring	212	Gottestal | Skočidol	246	Kraig	278
Hohenfeistritz	213	Köstenberg | Kostanje	247	Launsdorf und St. Sebastian	279
Hüttenberg	214	Kranzelhofen | Dvor	248	Liemberg	280
Kappel am Krappfeld	215	Lind ob Velden | Lipa ob Vrbi	249	Maria Pulst	281
Kirchberg	216	Maria Elend | Podgorje	250	Meiselding	282
Klein St. Paul	217	Petschnitzen | Pečnica	251	Obermühlbach	283
Lölling	218	Rosegg | Rožek	252	Sörg	284
Maria Waitschach	219	St. Egyden an der Drau | Št. Ilj ob Dravi	253	St. Donat	285
Silberegg	220			St. Georgen am Längsee	286
St. Johann am Pressen	221	St. Jakob im Rosental | Št. Jakob v Rožu	254	St. Peter bei Taggenbrunn	287
St. Martin am Krappfeld	222			St. Ulrich am Johannserberg	288
St. Martin am Silberberg	223	St. Niklas an der Drau | Šmiklavž ob Dravi	255	St. Veit an der Glan	289
St. Oswald ob Hornburg	224			Steinbichl	290
St. Stefan am Krappfeld	225	Sternberg | Strmec	256	Zweikirchen	291
St. Walburgen	226	Velden am Wörthersee	257	**Dekanat Spittal an der Drau**	**293**
Wieting	227	**Dekanat St. Andrä im Lavanttal**	**259**		
Dekanat Obervellach	**229**			Amlach	294
Flattach	230	Ettendorf	260	Baldramsdorf	295
Heiligenblut	231	Lamm	261	Feistritz an der Drau	296
Kolbnitz	232	Lavamünd	262	Fresach	297
Mallnitz	233	Maria Rojach	263	Kamering	298
Mörtschach	234	Pölling	264	Kellerberg	299
Mühldorf	235	Pustritz	265	Kreuzen	300
Obervellach	236	St. Andrä im Lavanttal	266	Möllbrücke	301
Penk	237	St. Georgen im Lavanttal	267	Molzbichl	302
Rangersdorf	238	St. Lorenzen am Lorenzenberg	268	Paternion	303
Sagritz	239	St. Martin im Granitztal	269	Pusarnitz	304
Stall	240	St. Paul im Lavanttal	270	Rubland	305
Teuchl	241	St. Ulrich an der Goding	271	Spittal an der Drau	306
		Wölfnitz/Saualpe	272	St. Paul ob Ferndorf	307

St. Peter im Holz	308
Stockenboi	309
Weißenstein	310

Dekanat Tainach | dekanija Tinje — **311**

Grafenstein	312
Gurnitz	313
Mieger | Medgorje	314
Ottmanach	315
Poggersdorf	316
Radsberg | Radiše	317
Rottenstein | Podgrad	318
St. Filippen bei Reinegg	319
St. Michael über Pischeldorf	320
St. Peter bei Grafenstein	321
St. Thomas am Zeiselberg	322
Tainach | Tinje	323
Timenitz	324

Dekanat Villach-Land | dekanija Beljak-dežela — **325**

Afritz	326
Arnoldstein	327
Arriach	328
Bad Bleiberg	329
Fürnitz | Brnca	330
Heiligengeist bei Villach	331
Innerteuchen	332
Kreuth bei Bad Bleiberg	333
Latschach | Loče	334
Maria Gail	335
Sattendorf	336
St. Leonhard ob Siebenbrünn | Št. Lenart pri Sedmih studencih	337
St. Stefan-Finkenstein | Šteben-Bekštanj	338
Thörl-Maglern	339
Treffen	340

Dekanat Villach-Stadt — **341**

Maria Landskron	342
Villach-Heiligenkreuz	343
Villach-Hl. Dreifaltigkeit	344
Villach-St. Jakob	345
Villach-St. Josef	346
Villach-St. Leonhard	347
Villach-St. Martin	348
Villach-St. Nikolai	349

Dekanat Völkermarkt | dekanija Velikovec — **351**

Diex | Djekše	352
Gorentschach | Gorenče	353
Grafenbach | Kneža	354
Greutschach | Krčanje	355
Haimburg	356
Markt Griffen	357
Ruden | Ruda	358
St. Georgen am Weinberg	359
St. Margarethen ob Töllerberg | Šmarjeta	360
St. Peter am Wallersberg | Št. Peter na Vašinjah	361
St. Ruprecht bei Völkermarkt | Št. Rupert pri Velikovcu	362
St. Stefan bei Niedertrixen	363
Stift Griffen | Grebinjski klošter	364
Völkermarkt	365

Dekanat Wolfsberg — **367**

Forst	368
Kamp	369
Prebl	370
Preitenegg	371
Reichenfels	372
St. Gertraud im Lavanttal	373
St. Leonhard im Lavanttal	374
St. Marein	375
St. Margarethen bei Wolfsberg	376
St. Michael bei Wolfsberg	377
St. Peter bei Reichenfels	378
St. Stefan im Lavanttal	379
Schiefling im Lavanttal	380
Theißenegg	381
Wolfsberg	382

Schatzkammer Gurk — **383**

AΩ — **401**

DAS WILL ICH ERZÄHLEN
TO BI RAD POVEDAL

Meine Pfarrkirche ist ...
Moja farna cerkev je ...

Ihre persönliche Geschichte mit ihrer Pfarr- bzw. Filialkirche kurz und prägnant von Ihnen beschrieben ...
Vaša osebna zgodba z vašo farno oz. podružnično cerkvijo ...

VERÖFFENTLICHT IN DEN MEDIEN DER DIÖZESE GURK
OBJAVLJENA V MEDIJIH KRŠKE ŠKOFIJE

SCHICKEN SIE IHRE GESCHICHTE AN: – POŠLJITE VAŠO ZGODBO NA:

✉ sonntag@kath-kirche-kaernten.at ☎ 0463/5877-2502

✉ redakcija@nedelja.at ☎ 0463/54587-3510

✉ pressestelle@kath-kirche-kaernten.at ☎ 0463/57770-1071

✉ info@kath-kirche-kaernten.at ☎ 0463/5877-2150

Katholische Kirche Kärnten
KATOLIŠKA CERKEV KOROŠKA

WWW.KATH-KIRCHE-KAERNTEN.AT

Die 336 Pfarren der Diözese

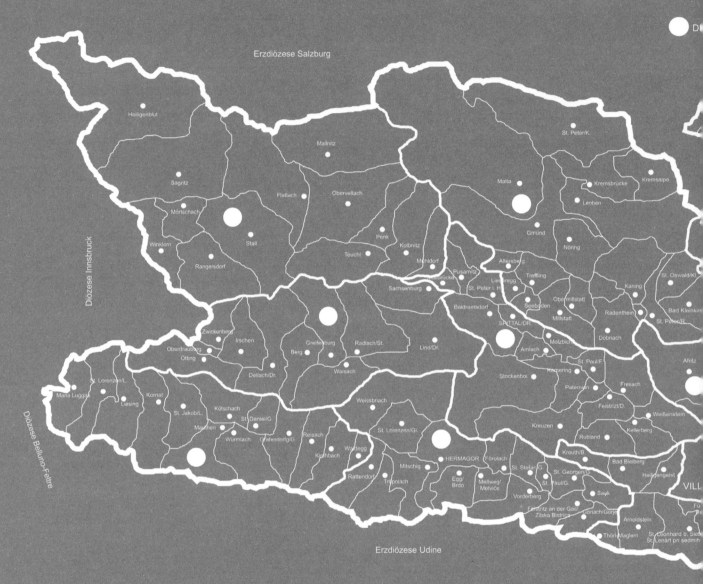

Die 23 Dekanate der Diözese Gurk-Klagenfurt

1. Klagenfurt-Stadt
2. Klagenfurt-Land
3. Bleiburg/Pliberk
4. Eberndorf/Dobrla vas
5. Feldkirchen
6. Ferlach/Borovlje
7. Friesach
8. Gmünd-Millstatt
9. Greifenburg
10. Gurk
11. Hermagor/Šmohor
12. Kötschach
13. Krappfeld
14. Obervellach
15. Rosegg/Rožek
16. St. Andrä im Lavanttal
17. St. Veit an der Glan
18. Spittal an der Drau
19.
20.
21.
22.
23.